U0902026

科技金融引导我国装备制造业技术创新能力提升的机制及政策研究

周东明　著

中国纺织出版社有限公司

内 容 提 要

本书为研究我国装备制造业技术创新能力提供了一个基于科技金融视角的完整理论框架。通过建立数学模型，并采用定性分析与定量分析相结合的方法，对我国装备制造业技术创新能力提升的机制和路径展开研究。首先，阐述科技金融和我国装备制造业技术创新的相关概念及理论，为后文研究铺平道路；其次，阐明科技金融引导我国装备制造业技术创新能力提升的一般机理及实现途径；再次，利用科技金融和我国装备制造业的相关数据，对科技金融引导我国装备制造业技术创新能力提升进行实证分析；最后，给出了科技金融如何更好地促进我国装备制造业技术创新能力提升的政策性建议。本书为我国的科技金融体系的构建提供了重要发展方向和途径。

图书在版编目（CIP）数据

科技金融引导我国装备制造业技术创新能力提升的机制及政策研究 / 周东明著. -- 北京：中国纺织出版社有限公司，2022. 11

ISBN 978-7-5229-0026-1

Ⅰ. ①科… Ⅱ. ①周… Ⅲ. ①科学技术—金融—影响—装备制造业—产业发展—研究—中国 Ⅳ. ①F426.4

中国版本图书馆CIP数据核字（2022）第207064号

责任编辑：史 岩　　责任校对：高 涵　　责任印制：储志伟

中国纺织出版社有限公司出版发行
地址：北京市朝阳区百子湾东里A407号楼　邮政编码：100124
销售电话：010—67004422　传真：010—87155801
http://www.c-textilep.com
中国纺织出版社天猫旗舰店
官方微博 http://weibo.com/2119887771
北京虎彩文化传播有限公司印刷　各地新华书店经销
2022年11月第1版第1次印刷
开本：710×1000　1/16　印张：14.75
字数：210千字　定价：99.00元

凡购本书，如有缺页、倒页、脱页，由本社图书营销中心调换

前言
Preface

随着创新驱动发展战略和制造强国战略逐步加强，传统产业改造提升步伐加快，“中国制造 2025”正在向中高端水平持续迈进。新常态下，科技与金融有机结合，科技金融创新成果丰硕。如何以科技金融引领技术创新，如何以技术创新引导我国装备制造业转型升级，促使我国由装备制造业大国转变为装备制造业强国，是一个值得研究的课题。

装备制造业对内是国民经济中至关重要的物质生产部门，对外是维护国家安全以及提高国家综合竞争力的战略性产业。因其具有科技含量高、技术难度大、成套性强、产业关联效应显著等特点，其发展水平直接影响和决定其他产业的竞争力，大力振兴装备制造业是贯彻落实科学发展观、走新型工业化道路、提高国际竞争力、实现国民经济全面协调可持续发展的国家级战略举措。

特别是次贷危机以来，美国的金融神话破灭，欧洲陷入主权债务危机，使得全球目光再一次聚焦到实体经济。事实再一次证明，实体经济才是经济繁荣的本源。而重视实体经济，首先要重视制造业，因为制造业在实体经济发展中，占据基础性和战略性地位。所以，发达国家提出“再工业化”的口号，而制造业的“母体”——装备制造业，自然成为焦点中的焦点。

随着经济全球化趋势的全面深化，国际产业结构正在发生剧烈的转移和调整，这给装备制造业提供了新的历史机遇。面对全球范围的开放市场，装备制造业具有多样化、分散化和个性化的特征，我国在多层次、多领域、高起点上寻求发展机会，努力吸收并掌握国外先进技术和管理经验，积极主动且有选择地承接发达国家的产业转移，大力促进装备制造业良性、健康、快速发展。

我国装备制造业经过七十多年的发展和壮大，在数量和质量方面已取得了巨大进步。但同时存在不少问题，例如，产业集中度低、规模效应不突出、低水平重复建设、自主知识产权匮乏、技术创新能力弱等。在众多问题中，最根本、最核心的问题是技术创新效率低下。

自 1912 年熊彼特提出创新理论以来，学者们对技术创新理论做了深入、细致的研究。萨缪尔森等经济学家对美国 1900 ～ 1996 年的经济增长进行研究之后总结出，在人均产出年增长率 118% 中，大约有 97.9%（占幅约为 83%）来源于技术创新。由此可见，技术创新是产业发展的最主要因素。同时，技术创新也在装备制造业升级中发挥关键性作用。因为技术结构与产业结构的演变具有直接关系，技术密集型产业在装备制造业结构中所占比重越来越大，充分体现出技术创新对推动装备制造业不断高级化的重要作用。而且，技术关联被认为是产业关联的核心要素，当某一产业部门利用技术创新提高了该部门的生产效率，就会诱导其他部门也进行技术创新。这说明产业部门的关联机制和技术创新的诱导机制，极大地促进了装备制造业的发展和升级。

新时期，科技与金融的有机融合体现了金融服务于技术创新的必然趋势，科技的发展和进步，需要巨大的人力资本投入和相关产业政策的有力支持，需要可观的金融资金投入和正确的金融保障体系。金融可以为企业的科技研发以及科技成果转化为现实提供所需资金，通过引入市场机制和竞争机制，引导产业和企业重视技术创新，并且重视技术创新成果的经济价值。由此可见，拥有一套健全的科技金融体制，是提高技术创新能力的前提。同时，拥有完善的科技金融机制，也是推动技术创新的重要条件。

因此，想要装备制造业发展壮大，就必须发挥科技金融的巨大能量，让科技金融带动技术创新，再发挥技术创新推动产业技术进步的积极作用，进而增强我国装备制造业的国际竞争力，带动装备制造业快速发展以及产业结构优化调整。

本书出版得到了武汉工商学院博士基金项目（D2019001）、武汉工商学院“工商学者”项目、武汉工商学院“成果导向”课程教学改革实践项目、湖北省优势特色学科群（数字商务与管理学科群）、湖北省人文社科重点研究基地（湖北商务服务发展研究中心）、科技大数据湖北省重点实验室（中国科学院武汉文献情报中心）开放基金课题资助项目的资助。

由于时间和水平所限，本书各方面难免存在疏漏和错误，敬请读者不吝赐教，批评指正。

周东明

2022 年 9 月

目录
Contents

第七章 技术创新促进装备制造业转型升级的实证研究

第八章 政策建议及研究展望

参考文献

导 论

第一节　研究背景

党的十九大报告提出，随着创新驱动发展战略和制造强国战略逐步加强，传统产业改造提升步伐加快，“中国制造 2025”正在向中高端水平持续迈进。新常态下，科技与金融有机结合，科技金融创新成果丰硕。如何以科技金融引领技术创新，如何以技术创新引导我国装备制造业转型升级，促使我国由装备制造业大国转变为装备制造业强国，是一个值得研究的课题。

装备制造业对内是国民经济中至关重要的物质生产部门，对外是维护国家安全以及提高国家综合竞争力的战略性产业。因其具有科技含量高、技术难度大、成套性强、产业关联效应显著等特点，其发展水平直接影响和决定其他产业的竞争力，大力振兴装备制造业是贯彻落实科学发展观、走新型工业化道路、提高国际竞争力、实现国民经济全面协调可持续发展的国家级战略举措。

特别是次贷危机以来，美国的金融神话破灭，欧洲陷入主权债务危机，使得全球目光再一次聚焦到实体经济。事实再一次证明，实体经济才是经济繁荣的本源。而重视实体经济，首先要重视制造业，因为制造业在实体经济的发展中，占据基础性和战略性地位。所以，发达国家提出“再工业化”的口号，而制造业的“母体”——装备制造业，自然成为焦点中的焦点。

随着经济全球化趋势的全面深化，国际产业结构正在发生剧烈的转移和调整，这给装备制造业提供了新的历史机遇。面对全球范围的开放市场，装备制造业具有多样化、分散化和个性化的特征，在多层次、多领域、高起点上寻求发展机会，努力吸收并掌握国外先进技术和管理经验，积极主动且有选择地承接发达国家的产业转移，大力促进装备制造业良性、健康、快速发展。

中国政府历来高度重视和支持装备制造业。2006 年，国务院明确了装备制造业的发展原则、发展目标以及未来承担的主要任务等❶。2007 年，国家发展改革委、财政部、国家税务总局与海关总署共同提出了为提升中国装备制造业自主创新能力和核心竞争力，该产业将享受进口税收优惠❷。2009 年，为应对国际金融危机的影响，中国政府在分析了装备制造业现状及面临形势的基础上，指出装备制造业调整和振兴的主要任务是依托十大领域重点工程、抓住九大产业重点项目、提升四大配套产品制造水平❸。2015 年，国务院提出着力突破制造业发展的“瓶颈”和短板，抢占未来竞争制高点，国家制造强国建设领导小组启动了“1+X”规划体系❹。2016 年，质检总局、国家标准委及工业和信息化部联合发文，强调切实发挥标准化和质量工作对装备制造业的引领和支撑作用，推进结构性改革尤其是供给侧结构性改革，促进产品产业迈向中高端❺。2017 年，发改委要求加快建设制造强国，加快发展先进制造业，以及 9 个重点领域关键技术产业化实施方案❻。2018 年，工业和信息化部指出“智能制造”是落实我国制造强国战略的重要举措，加快推进智能制造是加速我国工业化和信息化深度融合，推动制造业供给侧结构性改革的着力点❼。2019 年，发改

---

❶ 详见《国务院关于加快振兴装备制造业的若干意见》。

❷ 详见《关于落实国务院加快振兴装备制造业的若干意见》。

❸ 详见《装备制造业调整和振兴规划》。

❹ 详见《中国制造 2025》。

❺ 详见《装备制造业标准化和质量提升规划》。

❻ 详见《增强制造业核心竞争力三年行动计划（2018 ～ 2020 年）》。

❼ 详见《国家智能制造标准体系建设指南》。

委再次提及2025年形成一批创新活跃、效益显著、质量卓越、带动效应突出的深度融合发展企业、平台和示范区，推动制造业高质量发展[1]。

毫不夸张地讲，我国装备制造业经过七十多年的发展和壮大，在数量和质量方面，已取得了巨大进步。但是，同时存在不少问题，例如，产业集中度低、规模效应不突出、低水平重复建设、自主知识产权匮乏、技术创新能力弱等。在众多问题中，最根本、最核心的问题是技术创新效率低下。

自1912年熊彼特提出创新理论以来[2]，学者们对技术创新理论做了深入、细致的研究。萨缪尔森等经济学家对美国在1900～1996年的经济增长进行研究之后总结出，在人均产出年增长率118%中，大约有97.9%（占幅约为83%）来源于技术创新[3]。由此可见，技术创新是产业发展的最主要因素。同时，技术创新也在装备制造业升级中发挥关键性作用。因为技术结构与产业结构的演变具有直接关系，技术密集型产业在装备制造业结构中所占比重越来越大，充分体现出技术创新对推动装备制造业不断高级化的重要作用。而且，技术关联被认为是产业关联的核心要素，当某一产业部门利用技术创新提高了该部门的生产效率，就会诱导其他部门也进行技术创新。这说明产业部门的关联机制和技术创新的诱导机制，极大地促进了装备制造业的发展和升级。

新时期，科技与金融的有机融合体现了金融服务技术创新的必然趋势，科技的发展和进步，需要巨大的人力资本投入和相关产业政策的有力支持，需要可观的金融资金投入和正确的金融保障体系。金融可以为企业的科技研发以及科技成果转化为现实提供所需资金，通过引入市场机制和

---

❶ 详见《关于推动先进制造业和现代服务业深度融合发展的实施意见》。

❷ 熊彼特在其著作《经济发展理论》中提及。

❸ 萨缪尔森．经济学（中译本）[M]. 12版．北京：中国发展出版社，1992.

竞争机制，引导产业和企业重视技术创新，并且重视技术创新成果的经济价值。由此可见，拥有一套健全的科技金融体制，是提高技术创新能力的前提。同时，拥有完善的科技金融机制，也是推动技术创新的重要条件。

因此，想要装备制造业发展壮大，就必须发挥科技金融的巨大能量，让科技金融带动技术创新，再发挥技术创新推动产业技术进步的积极作用，进而增强我国装备制造业的国际竞争力，带动装备制造业快速发展及产业结构优化调整。

第二节 研究意义

一、学术价值

本研究对我国装备制造业技术创新能力研究提供了一个基于科技金融视角的完整理论框架。正确认识科技金融理论，发现并解决提高我国装备制造业技术创新能力过程中遇到的矛盾和问题，努力通过政府、银行、风险投资、资本市场和科技保险等多因素共同参与，促进我国装备制造业技术创新能力提升。

二、应用价值

任何国家，装备制造业都是处于工业的核心地位，没有强大的装备制造业作为支撑，国家很难实现工业化，更不可能达到现代化。因此，通过科技金融支持，促进我国装备制造业技术创新能力提升，打造强有力的大型装备制造企业、加快调整装备制造业组织和产品结构、积极参与国际市场竞争、大胆引进外资、重视人力资源建设、深化产学研合作机制等，实现振兴我国装备制造业的目标。

三、预期社会效益

通过科技金融创新的支持推动装备制造业发展对于增加我国装备制造业技术含量、优化产业结构水平，最终由装备制造业大国转变为装备制造业强国具有重要的现实意义。同时，有关装备制造业发展的研究，对于推进国民经济产业结构优化和转变中国经济增长方式，增强自主创新能力，具有宏观指导意义；鉴于装备制造业发展的重要性，对其机制的研究有助于我们进一步理解和明晰国家的政策措施；研究如何快速推动装备制造业发展，对促进其他产业蓬勃发展，具有微观实践意义。

第三节　研究思路

一、研究对象

装备制造业是一个国家或地区实现未来经济持续增长的先导性产业，也是社会发展及经济运行的支柱型产业，对国民经济发展和产业结构升级具有决定性和导向性作用，关系国家经济命脉和产业安全。我国虽然拥有联合国产业分类中的全部工业门类，但长期以来，装备制造业面临大而不强、缺乏核心技术的窘境。新常态下，科技与金融的结合是促进技术创新及装备制造业转型升级的基础。技术创新离不开金融支持，科技与金融的有机结合，已成为引领和推动我国装备制造业技术创新的中坚力量。

二、总体框架

本研究沿着“提出问题→理论架构→实证研究→政策建议”的框架展开，具体研究内容如下：

（一）理论基础与现状研究

阐述科技金融和我国装备制造业技术创新能力的相关概念及理论，为后文展开研究铺平道路。其中，科技金融的相关理论，主要包括科技金融的概念、体系构成、发展模式等方面。我国装备制造业技术创新能力的相关理论具体包括国际装备制造业发展历程和新中国装备制造业发展历程及经验，进而总结出我国装备制造业技术创新能力有待提高的现状及未来面临的机遇和挑战。

（二）机理分析

阐明科技金融引导我国装备制造业技术创新能力提升的一般机理及实现途径。科技金融促进我国装备制造业技术创新是一种多维支持、共同发展等崭新模式，即政府、银行、风险投资、资本市场和科技保险共同参与，相互融合等发展模式。各主体分别从宏观调控、资金支持、增值服务、丰富渠道及分散风险等角度对技术创新给予引导和保障。该模式主要从创新架构、功能定位、运作体系等方面进行研究，重点在于探究如何建立分析模型，并探讨科技金融应从哪些角度提升我国装备制造业技术创新能力。

（三）实证分析

利用科技金融和我国装备制造业的相关数据，开展科技金融引导我国装备制造业技术创新能力提升的实证研究。本研究拟分别选取资本等指标，利用罗默模型，从经济效益维度分析。选取专利等指标，利用面板模型，从科技潜力维度分析。选取风投等指标，利用 PVAR 模型，从环境和谐维度分析。这三个维度对科技金融引导装备制造业技术创新能力提升展开实证研究，指标体系在时间上反映了科技金融促进装备制造业技术创新能力的速度和趋向；在空间上反映了科技金融优化装备制造业技术创新能力的整体布局和结构；在数量上反映了科技金融扩大装备制造业技术创新能力的规模和效益；在层次上反映了科技金融提高装备制造业技术创新能力的功能和水平。

（四）政策建议

基于以上研究结论，提出了科技金融如何更好地促进我国装备制造业技术创新能力提升的政策性建议：第一，推动政府对科技金融的完善，从政策、资金、市场等多方面着手，共同构建支撑系统；第二，拓宽金融机构、担保机构保障及中介服务机构的融资渠道，创新融资模式，助力装备制造业开展技术创新；第三，深入产学研合作机制，通过装备制造企业与高校、科研机构之间的文化、目标、习惯等多方面磨合，逐渐形成有效合作模式；第四，强化装备制造企业在技术创新中的主体地位，明晰权责机制，使企业成为决策、投资、利益和风险承担的主体，这是提升技术创新能力的重要路径；第五，加快技术创新成果转化，应加快建设技术和多层次资本市场，使技术转化、转移和应用更加快速。

第四节　研究方法

一、实证分析与规范分析相结合的方法

本研究将数学模型和实证分析相结合，主要体现在对我国装备制造业发展的相关内容研究。分别检验了政府、金融机构、担保机构、中介服务机构及科技企业等多因素对我国装备制造业的影响。

二、定性分析与定量分析相结合的方法

本研究在分析过程中，采用定性研究的方法来分析一些不易量化的问题，例如，定性分析我国装备制造业技术创新效率的影响因素包含哪几方面。对另外一些可以量化的问题，本研究主要运用统计性描述、随机前沿生产函数以及面板数据回归等分析方法，对我国装备制造业发展的现状、技术创新效率的度量等方面进行实证检验。

三、比较分析的方法

对研究对象进行比较分析也是科学研究中最常用的方法之一，人们常常运用比较分析法对不同事物或者相同事物的不同方面进行比较分析，从中找出共同规律或差异之处。本研究对装备制造业七个行业的技术创新分别进行了比较分析。同时，本研究还对不同区域范围内装备制造业的技术创新进行了比较分析。

第五节　创新之处

一、多维度的研究视角

近年来，国内外学者虽然对科技金融创新问题和我国装备制造业发展问题进行了很多研究，但现有的研究视角较为分散，尚未形成统一的逻辑框架。本研究提出了一个分析装备制造业发展的完整理论框架，认为装备

制造业发展问题应该从多个维度进行研究，即从经济效益、科技潜力和环境和谐等维度展开研究。同时，还必须考虑包括政府、金融机构、担保机构、中介服务机构及科技企业等多因素共同参与。

二、综合使用多个测评体系

本研究改变了传统单一运用随机前沿分析方法或数据包络分析方法，而是综合使用多种分析方法，如面板数据回归分析方法（含固定效应模型和随机效应模型）、随机前沿生产函数分析方法、极大似然法以及永续盘存法等。本研究建立了一个综合测评体系，运用多种工具分析科技金融创新对我国装备制造业发展的影响。这些分析方法的综合运用，可以相互弥补缺陷，使分析结论更具有说服力。

三、递推式的研究理念

本研究首先拓展和深化了科技金融创新方面的理论基础，多角度地介绍了我国科技金融引领技术创新情况，其次将技术创新的理论知识应用于装备制造业发展的实践中。真正做到了以理论引导实践、以实践检验理论。这种递推式的研究理念，可以详尽地将事物之间的联系阐述清楚。

第二章
科技金融和装备制造业的文献评述

第一节　科技金融的文献评述

一、科技金融的经典理论

科技金融的基本目标是推动技术创新并最终促进经济增长和发展。从历史的演进来看，许多经典的经济学理论讨论了这方面的问题，包括技术创新与金融发展、金融发展促进技术进步等问题，这为本文的研究奠定了理论基础。

（一）约瑟夫·熊彼特的创新理论

奥地利经济学家约瑟夫·熊彼特（Joseph Schumpeter）最早对技术创新与金融发展作了较为深刻的分析。他从技术与经济相结合的角度出发，认为“对于那些拥有才智的人而言，信贷（credit）在一定程度上能使其从负债阶段跨越到富有阶段且直至走向成功”，“现代工业体系的建立归功于技术创新。技术创新与信贷关系密不可分，因为信贷作为一种新的产品（新的特性）融入到创新组合中，并以此为契机进入到技术创新的循环流转之中。没有信贷很难实现技术创新”。银行对于创新至关重要，它体现在为创新要素的组合提供所需的购买力。这种购买力正是来源于银行的信用创造。由此可知，技术创新的诞生和企业家精神的激发来源于金融创新的引导。

（二）新古典经济增长理论

美国经济学家罗伯特·索洛（Robert M. Solow）率先认识到经济增长的源泉主要是技术创新。新古典学派在深入研究技术创新对经济增长的作用后，给出了技术创新中政府干预作用的解释。他们认为，当出现技术创新的市场失灵（market failure），或技术创新的资源配置未达到帕累托最优（pareto optimality），即技术创新滞后于经济社会的发展时，政府可以间接实现宏观调控，以提升技术创新对经济增长的促进作用。

（三）*R&D* 内生经济增长理论

美国经济学家保罗·罗默（Paul M. Romer）最先展开对 *R&D* 内生经济增长理论的研究。知识的外部效应与“溢出效应”（spillover effect）是 *R&D* 内生经济增长理论的核心内容。罗默在其代表性著作《收益递增与长期增长》中指出，知识理应成为除劳动与资本外经济增长的第三个因素。他认为“知识是生产要素，能提高投资收益，而且能带来一国长期收益的增长”，“技术进步与创新应归结为厂商有意识的垄断活动；同时，从事 *R&D* 活动的厂商也将获得激励”。

（四）金融发展理论

美国经济学家、当代金融发展理论奠基人罗纳德·麦金农（Ronald Mckinnon）和爱德华·肖（Edward Shaw）两人各自在 1973 年创立了金融发展理论。金融发展理论认为，在一个不确定的环境中，金融体系的功能主要是实现金融资源的配置，而这种配置具有跨时间和空间的属性。麦金农和肖重点研究了在发展中国家普遍存在的“金融抑制”（financial repression）和“金融约束”（financial constraintion）现象。他们通过构建一个金融深化和经济增长关系的分级框架，研究发现“金融抑制”和“金融约束”现象严重削弱了金融资源集聚的动力，阻碍了金融体系的有序发展。

二、科技金融的理论和实证研究

（一）国外相关研究

从国外的研究来看，“科技金融”在理论上并没有形成一个独立而完整的概念范畴。国外学者的研究大致包括以下四个方面：

1. 金融发展与科技创新

理论研究方面，Joseph Schumpeter（1912）最早认识到银行信贷对科技创新的重要作用。Goldsmith（1966）最先研究了金融机构在墨西哥经济发展中的作用。研究结果表明，在墨西哥快速工业化进程中，金融机构起着至关重要的作用。Saint Paul（1992）认为，在经济主体从事生产率和风险性水平均较高的活动时，金融市场可以为这种创新性活动提供所需的保障并以此促进技术进步和经济发展。Rajan（1992）指出，银行在信息处理和谈判能力方面相比企业具有先天优势。银行在为企业提供信贷过程中，会因为这种比较优势而存在获取企业信息租金的动力，其结果是阻碍了企业高利润创新项目的发展。Bencivenga 和 Snith（1995）通过世代交替模型证明，经济系统对创新技术的选择要考虑到技术发展周期的长短，而金融市场运行效率的提升，有助于缩短技术发展周期。David & Yafeh（1998）、Morck & Nakamura（1999）的研究指出，日本银行为主导的金融体系不利于创新发展。银行稳健经营的原则将导致那些高利润、高风险的项目难以获得银行信贷的支持。Stulz（2000）认为，银行在创新项目的分阶段融资方面较其他金融机构更为合适。银行能够根据项目进展及风险预判来决定是否继续提供贷款，抑或采取行动以减少信贷损失。

实证研究方面，King & Levine（1993）基于 1960 ～ 1989 年 80 个发达国家和发展中国家的面板数据分析了金融系统和技术创新之间的关系。金融系统通过识别具有发展前景的企业及其创新项目，为它们提供资金支持和风险分散渠道，从而促进了企业的技术创新。Levine 等（1998，2000）所作的研究显示，金融市场的发展促进了全要素生产率的提高和经济的增长，从而有助于科技创新。Gerard（2003）等对新兴经济体国家的创新能力和企业的技术吸收能力做了深入研究，结果发现开发性金融机构的筹资支持极大地促进了新兴经济体国家和企业创新能力的提升。Hyytinena & Toivanen（2005）则认为，资本市场抑制了科技创新发展，但是金融政策的实施可以弥补这种不足，进而促进创新发展且带动经济增长。Tadesse（2006）、Herrera & Minetti（2007）利用企业和银行的数据，研究发现银行的信息优势对企业的创新活动具有正向影响。Alessandra & Stoneman（2008）、Luigi 等（2008）的研究结果则表明，银行业的发展对科技型企业的技术创新具有显著促进作用。

2. 风险投资对科技创新的影响

理论研究方面，Casamatta（2003）指出，风险投资为科技型企业提供了资金和管理上的支持，有助于企业的快速成长。Kaplan & Stromherg（2003）、Keuschning（2004）的研究表明，风险投资可以提高创新项目的成功率以及企业的创新效率。Vasilescu & Popa（2011）则认为，风险投资是最有效的融资方式，对科技型企业的发展至关重要。

实证研究方面，Kortum & Lerner（2000）基于美国的风险投资、研发投入及产出等相关数据，研究得出风险投资对专利数量的增长具有明显的促进作用。Audretsch & Lehmann（2004）以德国上市高技术企业为样本，研究发现风险投资极大地促进了高技术企业的成长。

3. 科技创新的金融支持政策研究

George & Prabhu（2003）、Leleux & Surlemont（2003）通过实证分析，得出政府的干预政策为创业投资产生了引导和示范的社会效益；政府的公共政策应发挥激励的作用，而不是与私人风险投资竞争。Avnimelech & Teubal（2008）研究发现，在研发创新的投资过程中政府的政策支持逐渐弱化，而风险投资的市场化力量逐渐加强。Cumming & Johan（2009）则认为，政府公共政策的配套实施会带来更大的收益。政府公共政策对风险投资有促进作用，风险投资在一定程度上促进了企业的技术创新。

4. 金融创新的科技促进研究

科技创新对金融创新的促进作用主要体现在科技的创新与运用对银行等金融机构的业务形式及金融产品创新的影响上。

Berger（2003）认为科技进步提高了银行业的服务质量，加速了银行业的整合。Consoli（2005）指出信息技术的发展是核心要素，其改变了银行零售业务的结构。Schinckus（2008）则引入计算机仿真应用，研究科技进步对金融产业的影响。

科技创新引领了金融市场全球化，带来了金融服务多样化，同时提升了金融产业的科学化、系统化和现代化程度。科技进步使市场经济更加透明，同时形成新的价格竞争模式、金融服务技术、金融组织形式及金融竞争模式等一系列金融业运行模式的创新。

（二）国内相关研究

国内学者关于科技金融的研究主要包括：科技金融的理论、体系、政策、创新、效率、评价、融合等多个方面。

1. 科技金融理论研究

赵昌文等（2009）最先对科技金融作出了解释，“科技金融是促进科技开发、成果转化和高新技术产业发展的一系列金融工具、金融制度、金融政策与金融服务的系统性、创新性安排，是由向科学与技术创新活动提供金融资源的政府、企业、市场、社会中介机构等各种主体及其在科技创新融资过程中的行为活动共同组成的一个体系，是国家科技创新体系和金融体系的重要组成部分”。此后，科技金融的理论研究逐步展开。

房汉廷（2010, 2015）明确提出，“科技金融是科技创新活动与金融创新活动的深度融合，是由科技创新活动引发的一系列金融创新行为。科技金融是以培育高附加值产业、创造高薪就业、提升经济体竞争力为目标，其实质是促进技术资本、创新资本与企业家资本等创新要素深度融合、聚合的一种新经济范式”。

洪银兴（2011）认为，科技创新需要科技与金融深度结合。科技金融的发展实质是要求各类金融机构都能成为科技金融的主体。

陆燕春和朋振江（2013）梳理了科技金融领域的理论研究成果。唐震和李芳（2014）、朱文莉等（2015）对我国科技金融的理论成果进行了文献计量和挖掘分析的动态探究。

2. 科技金融体系构建

吴莹（2010）运用演化经济学的方法对科技金融体系的发展进行了理论与实证分析，并以武汉东湖高新区为例，提出构建完善的科技金融体系的政策建议。王吉发等（2015）基于加权灰熵的算法对辽宁省科技金融体系的有序性进行了判别研究。程颖等（2016）从产业技术轨道强度及其变化的特征角度探讨了科技金融体系的建设。薛莉和叶玲飞（2016）提出要充分尊重与发挥政府、银行、风险投资、资本市场四部门在各阶段的异质性作用，构建以政府为主导、银行为主体、风险投资与资本市场为补充的科技金融体系。

肖泽磊和张镤予（2013）从政府角色分类视角出发，对政府引导型区域科技金融服务体系进行了产品、信息、制度和市场四个层面的划分，并以苏州为例实证研究了科技金融服务体系的制约因素和发展对策。吴翌琳和谷彬（2013）以中关村为例，实证分析了中关村科技金融改革的现状与问题，并系统论述了中关村科技金融服务体系的协同发展模式与启示。

李瑞晶等（2017）对河北省科技金融创新体系的构建进行了实证研究。李文森等（2014）首次构建了科技金融统计体系，从整个金融体系对科技的支持角度，实证研究了江苏省科技金融发展状况。封北麟（2014）提出在全国范围内加快推进科技金融三级市场体系建设，并就该体系的深化发展提出了相应的财政支持建议。

3. 科技金融政策评价

饶彩霞等（2013）通过研究梳理，提出合理构建科技金融政策体系。国家有必要完善政策性制度安排，建立自主创新政策性金融体系，大力发展中小型银行类金融机构，调整和完善风险投资制度与环境，加强社会信用体系和征信服务体系建设。

张玉喜和段金龙（2016）研究认为，政策性金融支持科技创新主要包括动员和分配资源、风险分散和管理、信息揭示等方面，且可以采取直接和间接融资、风险投资、政策性金融服务等方式。韩俊华等（2016）从科技型小微企业的视角，分析了政策性金融的引导机制、激励机制和运行机制，提出设立科技小微企业局、完善政策性信用担保、发展互联网金融等对策。

潘雄锋等（2012）运用状态空间模型对 1990 ～ 2008 年我国科技发展的财政科技支出和金融科技贷款效应进行了实证分析，建议政府今后应进一步制订促进科技创新的财政政策和金融政策以推动科技发展。孟艳（2015）认为，科技型中小企业技术创新基金理应成为中央财政支持全国科技金融服务体系和国家创新战略的一项核心政策工具，高效发挥财政资金的引领、桥接和催化作用。

唐五湘等（2013）的研究结论显示，北京市科技金融相关部门职责不清、协作不够，科技保险、融资租赁、政府采购等政策出台较少，且需以中关村为核心扩大科技金融政策辐射范围。曲昭等（2015）基于文献计量方法，对科技金融政策研究文献的年度数量、文献类型及来源分布等方面进行了统计分析。结果发现，科技金融政策的研究缺乏对地方性政策环境的实地研究，而且忽略了科技创新对金融格局的影响。

苑泽明等（2015）构建了科技金融政策评价的理论分析框架，发现国内对科技金融政策及市场体系评价较少且结论不一致。杜跃平和马晶晶（2016）运用四分象限图法，对陕西省科技创新创业金融政策的满意度进行了评价研究，得出企业认为政府解决企业融资难的方式，其中排前三位的是：加快发展科技型中小企业资本市场、鼓励发展创投业、建立和完善中小金融机构体系。刘湘云和吴文祥（2017）构建了科技金融政策效果评价模型，并以广东省为例客观评估了科技金融的政策效果。

4. 科技金融模式创新

寻舸（2015）从建立科技园区金融服务体系等角度给出了我国科技金

融发展的建议。邵传林和王丽萍（2016）则认为，促进我国科技金融发展，需从组织结构创新、平台创新、商业模式创新、政策创新、制度创新等方面做出努力。

李兴伟（2011）以中关村国家示范区为例，点明致力于科技企业信贷融资、创新创业银行以及以联通创新创业信息孤岛为载体的中关村科技金融内循环体系建设，将是中关村科技金融创新的主要突破方向。黄健青等（2013）认为，企业的融资体系应该包括：集群孕育与形成、集群成长与扩散和集群的更替三个阶段，最后在完善成熟期信用平台、建立多层次资本市场及创新科技金融业务等方面提出了政策和建议。吴翌琳（2016）以北京市海淀区企业为例，对企业创新能力的提升过程进行实证研究。结果发现，政府和金融机构的政策与资金支持等是企业创新发展的关键。因此，应强化不同金融工具间的协同与配合，拓宽企业融资渠道。

麦均洪和金江（2015）结合广东自贸区建设的背景，深入审视了自贸区建设对广东科技金融发展带来的契机，提出从加强部门协作、发挥政府引导作用、完善融资体系、加强专业人才队伍建设等方面促进广东科技金融快速发展。汪秀琼等（2016）则借用路线图方法的分析思路，系统研究了广东省科技型小微企业金融支持政策体系的建设路径。

窦亚芹等（2014）提出江苏构建“政府引导支持、金融主导支持和中介服务支持”三位一体的金融支持科技型中小企业自主创新的路径选择。卢亚娟和刘骅（2016）提出江苏科技金融发展的“市场主导、政府引导、体系完善、协同创新”等革新机制。

谢颖昶（2014）以上海市科技金融发展情况为背景，分析了张江示范区在政策、融资、担保和保险方面的做法和成效，并从政府引导、金融产品创新和风险分担等方面总结启示。

苏发金和刘彻（2016）研究了湖北科技金融发展的优势和约束条件，认为应该从制订科技金融发展战略与发展路径、建立健全科技金融市场机制，并从信用贷款、资本市场、组织体系、制度创新四个方面提出完善科技金融创新的政策和建议。

巩世广和郭继涛（2016）基于区块链技术理念，建立了“三位一体”科技金融发展模型，认为政府、科技公司、投资机构可以建立区块链接、撮合匹配的投融资，从宏观上为科技金融发展提供相应的生态环境。张华（2016）则基于生态系统视角，构建了科技金融创新生态系统的规划框架，从完善内部治理结构、优化市场与制度环境等方面提出促进科技金融创新生态系统发展的对策和建议。温小霓和张哲（2017）基于系统动力学模型，研究了科技金融支持科技发展的情况，结果表明公共科技金融相比于市场科技金融对于科技发展的支持作用更明显。

5. 科技金融效率测度

徐玉莲和王玉冬（2015）运用 DEA 交叉评价模型，实证研究发现我国公共科技金融资金的配置效率呈一定上升趋势，而市场科技金融资金与整体科技金融资金的配置效率无明显波动趋势。杜金岷等（2016）采用三阶段 DEA 模型，研究表明中国各省份科技金融投入产出效率受环境因素影响差异较大。黄瑞芬和邱梦圆（2016）选取 2006 ～ 2014 年我国 30 个省、市、区科技金融投入与产出的面板数据，运用 Malmquist 指数和 SFA 模型对全要素生产率变动和科技金融效率值进行评价，结果表明我国科技金融效率总体水平不高，且存在显著的区域差异。薛晔等（2017）运用熵权法和贝叶斯随机前沿模型，从综合产出角度对 2001 ～ 2014 年中国内地 30 个省、市、区科技金融发展效率进行了测算。研究发现科技创新融资方式对科技金融发展效率具有显著正向作用，而银行科技信贷金额对科技金融发展效率具有明显负向作用。章思诗和李姚矿（2017）的研究则表明，高技术企业总产值占 GDP 比重、创投企业数量和创投企业吸引投资金额是影响科技金融效率的重要因素。戴志敏等（2017）则运用 DEA 模型对我国 2005 ～ 2014 年各省、市、区科技金融效率进行测度，结果表明我国科技金融效率整体水平偏低，且区域差异化明显。

6. 科技金融结合实践

科技与金融结合的最重要研究进展，就是卡罗塔·佩蕾丝在《技术革命与金融资本》中提及的“技术—金融”基本研究范式：“技术创新与金融资本的高度融合，实现了技术创新的蓬勃发展和金融资本的几何增长。”

科技和金融的结合问题日益受到学者们的广泛关注。杨刚（2006）、龙云安和李泽明（2012）、马红（2013）对科技与金融结合机制进行了分析。张明喜（2013）、邱兆祥和刘永元（2015）分别从广东、全国以及资源型城市的不同视角，对科技与金融结合问题、制约因素及路径作了研究。骆世广（2014）、马卫刚和张红丽（2014）则对科技与金融结合效益进行了评价研究。科技与金融结合受到政策环境的影响，政策的推动和引导至关重要。

科技金融服务平台方面，游达明和朱桂菊（2011）结合平台的构建原则与功能定位，构建出以信用平台为基础、投融资平台为主体、中介服务平台和信用担保平台为两翼的区域性科技金融服务平台结构模型。樊晓娇和陈炜（2013）根据科技金融服务平台构建方式的不同，比较分析了我国“传统”和“互联网”两种构建模式，其中“传统”模式又可细分为政府主导型、企业主导型和金融机构主导型模式。江积海和张烁亮（2014）基于价值网视角，重构了科技金融平台，从平台参与者、平台价值增值过程、参与者合作规则、参与机构竞争策略等方面，分析了科技金融平台体系结构和运作机制。杨智慧和肖志源（2016）、束军意（2016）分别针对科技金融服务信息合作平台构建、众筹模式下科技金融服务平台功能架构进行了研究。

科技银行方面，房汉廷（2003）较早提出了关于设立国家科技发展银行的建议。杜琰琰和束兰根（2014）基于文献和实地调研，分析了科技银行取代科技支行的必要性，并从基本性质、主要定位、业务创新和人员配备四个方面给出了科技银行的设立思路。刘一展（2015）通过分析得出我国科技银行的发展存在组织架构不独立、收益风险不对称、专业定位不清晰和配套机制不完善等制约因素，应当从优化组织形式、创新盈利模式、强化风险控制和完善配套机制等方面实现创新突破。

科技金融超市方面，李子彪等（2017）以河北省科技金融超市合作机构为案例，提出发展科技金融超市的对策和建议并指出其发展方向。

科技企业孵化器方面，杜灵恩等（2016）针对科技企业孵化器与互联网金融有机结合的新形势，构建科技企业孵化器、创业企业、风险投资三者间的演化博弈模型，研究分析了三方合作的稳定性。

7. 科技金融对科技创新的作用

金融发展可以促进政府和企业投入更多的科技经费，科技投入和科技创新之间存在良性的互动关系。吴芸（2014）、俞立平（2015）分别基于面板数据，研究得出政府科技投入显著促进科技创新的结论。

和瑞亚和张玉喜（2014）采用向量自回归模型，对我国科技创新的科技金融支持的动态贡献进行了实证研究。结果表明，证券市场筹资、中长期信贷对科技创新具有显著的促进作用。芦锋和韩尚容（2015）实证研究了公共科技金融和市场科技金融对不同创新阶段的影响。杜江等（2017）利用空间杜宾计量模型（SDM），实证检验了我国科技金融对科技创新影响的空间效应。结果显示，科技金融发展能够显著地提升区域科技创新能力。

8. 科技型企业的金融支持问题

韩俊华和于胜道（2013）分析了科技型小微企业的融资现状并比较了美日金融支持经验，认为加大政府和商业银行支持、完善资本市场和风险投资能解决科技型小微企业融资困境。文竹和文宗川（2014）基于现代萃智（TRIZ）理论，对科技型小微企业的金融支持方法作了研究。朱广其（2014）从微型金融模式的运行角度，分析指出金融支持科技型小微企业发展需要构建微型金融市场、金融服务与金融政策相结合的微型金融体系。

英英和萨如拉（2011）结合我国中小企业融资状况，详细论述了夹层融资作为破解科技型中小企业融资难题的可行性和障碍，并提出相关建议。李巧莎（2013）以金融发展周期理论为基础，结合科技型中小企业的成长周期特征及不同时期的融资需求，探讨科技型中小企业不同发展阶段的融资策略。韩剑和严兵（2013）实证考察了内外部融资约束对我国企业 *R&D* 投入的影响。寇垠（2015）实证检验了科技型中小企业融资难属于“市场—能力引发型”，并提出完善科技认证制度，优化税费制度和财政补贴政策，健全科技金融服务市场和巧用高新区存量国有资产的政策和建议。

第二节　技术创新的文献评述

1912 年，经济学家熊彼特出版的《经济发展理论》一书中提出创新经济学说的基本理论框架[1]。随后，技术创新的重要性引起了世界各国的高度关注，各国学者开始研究技术创新，由此形成了各种各样的技术创新理论。技术创新被视为国家经济增长的基础，关系综合国力和国家经济安全。因此，研究技术创新的文献层出不穷。回顾并总结现有文献，不仅可以为本研究奠定知识基础，更重要的是提供契机对尚存争议的问题进行深入、系统的探索。笔者根据本研究的逻辑体系，从技术创新对产业发展的作用方面梳理相关文献。

[1] 熊彼特认为创新包括五个方面：制造新的产品；采用新的生产方法；开辟新的市场、开辟国家和那些特定的产业部门尚未进入的市场；获得新的供应商、获得原材料或半成品的新的供应来源；形成新的组织形式，创造或者打破原有垄断的新组织形式。

一、技术创新对产业发展的作用

技术创新对产业发展和产业结构优化发挥着巨大作用。Geroski & Audretsch（1995）通过经验性研究发现有一个共同特点存在于技术创新和产业演进过程中，即旧产业、旧技术必然要被历史所淘汰。Franco Malerba（2006）对技术创新与产业发展理论进行了更加深入的分析，研究结论主要是：技术创新已运用于许多具体的产业发展研究中，不同角度的研究成果得到更多认同，并且相关计量经济学的研究得以迅速发展。技术创新有助于产业组织结构的优化，回顾历史，组织结构的纵向一体化是由第一次技术革命所推动，组织结构的集中化和专业化是由第二次技术革命所推动，组织结构的柔性化、集团化及多元化是由新技术革命所推动。另外，技术创新在产业间的诱导机制和扩散机制带动了产业结构优化。技术创新的地理扩散带动了后进国家及其地区产业结构升级（史忠良，2007）。在一定技术条件下，产业经济发展必然受到外部环境和中间投入内部要素变化带来的制约，而产业升级、技术创新是跨越这个发展“瓶颈”的根本途径。未来中国产业升级的主要有两条途径：第一，通过技术创新和管理创新，促进产业转移和国内产业结构优化；第二，利用制度创新和市场创新推动对通用型技术产业的深层次承接（郭元稀，2009、2010）。

对于不同产业、技术和国家间技术创新与产业发展关系存在主要差别方面的研究，传统 SPRU 理论做出了很大贡献（Freeman，1974；Pavitt，1984）。一个产业发展的途径、形式的选择，与其动态发展过程是紧密相连的。在技术创造、技术传播和技术进步中，大学、公共研究组织及其他公众参与者，各自所发挥的作用已被证实。但是在不同产业中，不同参与者所起的作用有天壤之别（Levin，1987；Cohen，2002）。传统产业生命周期理论，在描述不同产业的创新动态过程中，所得到的结论差别巨大

（Klepper，1997）。高翔、程瑾（1999）阐述了技术创新分别在新兴产业、高新技术产业以及传统产业中所发挥的巨大作用，并分析了技术创新在新兴产业中发挥作用的三种具体方式[1]。所以，高技术产业可持续发展是依靠不断创新的高新技术所推动。技术创新对于传统产业所产生的作用主要表现是：在传统产业领域广泛地应用新技术和新工艺，不仅促进了新产品的开发，而且提高了产品设计，提升了产品质量及产品附加值，增加了劳动生产率并节约了资源，最终，增强了传统产业的核心竞争力。许多传统产业通过技术创新，从“夕阳产业”转变为“朝阳产业”。陈爱贞（2008）在下游行业中，以出口导向特征尤为明显的纺织缝制业为例，研究发现纺织服装企业为了满足在全球价值链中“买方驱动者”所提出的标准而实施动态引进国外设备模式，使本土纺织缝制设备企业的技术创新潜力受到抑制，难以实现“研发投入—技术创新—市场所占份额上升—研发投入增加”这一良性循环。

二、计量方法被引入研究中

20 世纪 90 年代，随着先进的计算机技术和新的企业层面数据广泛发展，计量分析和面板数据分析逐步取代了零散分析。在识别、衡量统计规律，理解程式化事实，并解释因素关系方面取得了巨大发展，计量方法的引入揭示了技术创新、企业规模、劳动者素质等因素对产业发展的重要性。如 Geroski（1994）、Baldwin（1995）、Audretsch（1995）、Bottazzi（2002）研究确定了技术创新的特点，企业年龄分布情况以及集聚中的产业差别。Utterback（1994）和 Suarez（1995）提出“主导设计”模型，他们

[1] 第一，通过自我壮大，技术创新主体发挥先锋作用；第二，通过转移，创新技术形成规模作用；第三，通过大企业，技术创新发挥中坚作用。

认为，未来产品开发路线会因主导设计的出现而锁定，此外，还会引发一系列的过程创新，随着进入壁垒的提高，产业集中度逐渐提高，未能及时调整组织结构的企业和未能及时适应主导设计的企业，在优胜劣汰过程中会被赶出市场或被兼并。Klepper（1996，2002）将产品创新、生产过程创新、企业规模及成长、竞争者的类型及数量、市场优势及市场集中度结合起来，应用于产业生命周期规范化分析模型中。史忠良、何维达（2004）分析了在产业生命周期的各个阶段技术进步所发挥的具体作用，阐述了技术创新引发的需求、供给结构变化对产业发展产生的影响。刘伟（2008）利用转换份额的分析方法，将技术进步及产业结构变迁从TFP增长中分解出来，用实证度量了产业结构变迁给中国经济增长带来的贡献。实证研究结果表明，产业结构变迁对经济增长的贡献随着市场化程度的不断提高而逐渐下降，但这并不表示市场化改革的收益将消失，某些发展及体制因素仍阻碍资源配置效率的进一步提高。

三、简要评述

通过总结现有文献可以发现技术创新的本质是产生新知识，这一点学者们达成了一致。技术创新是创新主体运用各种创新资源生产新知识的复杂过程。具体而言，是技术创新主体通过新的生产方式和经营管理模式，应用新知识、新技术及新工艺，由此开发新产品、降低生产成本、提高生产效率、提升产品质量、提供新服务，开拓并占领新市场，实现市场价值。

虽然学者们对技术创新的本质认识保持统一，但笔者发现目前关于技术创新的研究仍存在以下两点不足。

（一）缺乏系统的研究体系

现有的研究文献很少有一个成体系的分析框架，这就导致存在很多问题。首先，对于创新的主体，不同的研发主体（如大学、企业、科研机构）在技术创新投入和产出过程中，技术创新效率是不同的。而针对不同研发主体技术创新效率差别的研究，还十分匮乏。其次，对技术创新效率的影响因素研究不明确，除研发投入外，还存在企业规模、市场结构、直接投资（*FDI*）等因素，但现有研究很少将它们放入同一个框架，因此，很难确定各因素之间作用的差别。当然，建立系统的研究体系是一项很有挑战性的课题。

（二）缺乏创新的研究方法

现有文献关于技术创新效率的度量，大多使用参数分析方法和非参数分析方法。参数分析方法的最大弊端是模型必须先假设一个函数形式，然后分析估计模型中的参数，由于人为设定或多或少地增加了一些主观因素，虽然有多项指标可以检验，但仍无法保证参数估计的准确性。非参数分析方法是效率研究的新方法，其优点是由于不涉及具体模型，避免了主观性影响，但其缺点是很难确定投入和产出变量之间的因果关系及相关性，因此实践中很少使用。如何在以后的研究中将参数分析方法和非参数分析方法有机融合，互相取长补短，将是技术创新效率研究方法新的发展方向。

第三节　装备制造业技术创新的文献评述

一直以来，我国都非常重视发展装备制造业，更是将振兴装备制造业提升为国家级战略。装备制造业作为一个国家的基础性支撑产业，其发展水平直接反映该国工业化程度，也和其他产业的发展息息相关。如何提高我国装备制造业技术创新效率，对提升我国工业整体技术创新水平及国际竞争力具有重要的现实意义。因此，学者们非常重视我国装备制造业技术创新的相关研究。笔者从产业维度和区域维度对相关文献进行梳理并给予总结。

一、产业维度装备制造业技术创新研究

（一）以装备制造业为研究对象

王章豹、孙陈（2007）从技术创新能力及技术创新效率的视角，采取因子定权法和多指标投入产出分析法等，对中国装备制造业 7 个行业的技术创新效率进行定量测度分析，并对装备制造业各行业的技术创新能力进行综合评价。结果表明，装备制造业技术创新效率及技术创新能力之间存在较大的不一致性，中国装备制造业整体技术创新效率偏低。冯梅（2008）基于1996～2006年中国装备制造业的行业数据，用索洛余值法测算了贡献率和技术进步，实证研究了中国装备制造业的技术进步趋势，对工业化的模式、技术进步的路径及制度变迁对于技术进步的影响从定性角度进行了描述。段婕、刘勇（2011）从四个方面（创新资源投入能力、产出能力、技术创新保障能力和转化吸收能力）构建了中国装备制造业技术创新能力评价体系，用因子分析法评价了中国装备制造业技术创新能力，并对 7 个行业技术创新能力进行了排名，提出了相关建议。赵琳、范德成（2012）从技术创新资源的投入能力、研发能力及产出能力三方面构建出中国装备制造业技术创新能力评价指标体系，以此为基础，首先，将最优和最劣评价对象的距离之和最小作为准则，建立了一个权重的非线性规划问题，并运用微粒群算法确定了各指标的权重；其次，对中国装备制造业 7 个行业在各指标上的值进行加权求和，从而得到各行业技术创新能力的评价结果；最后，给出了提升中国装备制造业技术创新能力的路径。崔华华、任敏敏（2012）通过运用 DEA & Granger 检验，对中国装备制造业技

术创新能力进行评价。结果表明，中国装备制造业整体创新能力不强，多数行业的技术创新动力来自技术引进和技术改造，技术自主研发能力和消化吸收能力较弱，技术进步效率低下。文章还分析了中国装备制造业 7 个行业各自的优势和劣势，对其创新资源配置给出了指导，并提出了相应的建议和措施。牛泽东、张倩肖（2012）基于产出距离函数的随机前沿分析法，将 1997 ～ 2010 年中国装备制造业 7 个行业的面板数据作为样本，测算了装备制造业创新生产活动中的规模效率和技术效率，对影响装备制造业技术创新效率的因素进行了分析，研究结果发现：1998 ～ 2010 年，装备制造业的平均技术创新效率为 0.833；装备制造业的技术创新效率随着时间的变化呈现出缓慢递增趋势，其间样本共增长了 0.127；装备制造业的技术创新效率与规模效率皆获得了较大改进，但仍处于低效率水平；在影响装备制造业技术创新效率因素中，产权结构改善及企业规模提高是促进装备制造业技术创新效率改进的主要原因。段婕、陈江龙（2013）构建了中国装备制造业技术创新能力评价体系，其中含 4 个大指标和 16 个小指标，并基于 2009 年的技术创新统计所得数据，选取规模以上工业企业为样本，利用耦合度及关联度对投入能力和创新产出、转化吸收能力和创新产出的互动关系进行了深入分析，得出影响中国装备制造业技术创新能力提升的瓶颈因素和核心因素。高丹丹（2013）从技术创新效率角度，采用 CCR 模型和 BCC 模型，基于 2006 ～ 2010 年中国装备制造业 7 个行业的面板数据，对中国装备制造业技术创新使用效率进行实证研究。通过 DEA 方法对 2006 ～ 2010 年中国装备制造业 7 个行业技术创新效率进行了分析并排序，对各行业可能的发展状况做出了总结。

（二）以装备制造业内某个具体行业为研究对象

杨志刚、吴贵生（2003）分析了中国通信设备制造业的路径依赖问题，认为单纯地引进技术更容易产生路径依赖，由此阻碍了通信企业进一步提高研发能力，保持技术能力提高途径多样性是提升产业技术能力的最佳方法。陈志、苏文凤（2006）对农业装备的技术原始创新模式、技术集成创新模式、技术引进消化吸收再创新模式进行了分析，并从农业装备制造业技术创新体系建设、提高行业技术创新能力战略及关键技术这三个方面进行了细化研究。孙闻（2006）系统地对2005年安徽省装备制造业技术创新能力进行了实证研究，结果显示，在安徽省装备制造业7个行业中，技术创新能力最好的是交通运输设备制造业。孟嗣宗（2007）分析了世界不同国家的汽车产业发展道路，从制度创新、技术创新和管理创新等内涵上，探讨了中国汽车产业在发展道路创新、体制和机制创新、技术和产品创新、经营和管理创新等方面的诸多理论和实践问题。并且，基于对国内外汽车企业的实证分析，阐述了自主品牌的界定、自主品牌的创建途径、合资企业自主创新、自主创新模式、自主创新能力、知识产权的实质及平台战略的核心技术概念等。田慧（2009）以数控机床产业为研究对象，运用了技术创新、产业技术创新及与产业技术相关的产品定位、技术路线、产业组织等相关理论，通过对不同国家数控机床产业在不同历史时期发展最快的国家进行分析，得出数控机床产业的技术创新路径。原毅军（2010）采用了随机前沿分析测度2000～2006年中国装备制造业技术创新效率，并对创新效率的影响因素作了分析。然而在研究中，由于C—D形式生产函数的灵活性不足，创新投入及产出指标的选择略显单薄，同时，其数据来源于高技术产业，对装备制造业的代表性不够。李晓彦（2011）针对石油装备制造企业自主技术创新运行机制能使石油装备制造业链上的创新资源得到合理利用和配置，促进产业链上各企业相互合作和协调发展，并且，通过对技术创新相关理论和自主创新理论的研究，探讨中国石油装备制造企业自主创新运行机制的构建，为中国石油装备制造企业构建自主创新机制提供了系统、有效的理论和科学依据。王利（2011）根据LED产业的特点，通过国内及全球产业的对比分析，找到了中国LED产业上中下游各个环节的发展途径：在上游坚持开展产学研相结合的合作技术创新方式，从而迅速占领产业发展制高点；中游继续采取引进与学习相结合的跟随策略，在掌握关键技术及核心专利后快速占领市场份额；下游着眼实施自主创新，同时将发展具有自主知识产权的产品作为当务之急。刘光智（2012）概括了航空航天产业的创新内容，通过建立创新能力测度指标及创新能力结构模型，并根据高新技术产业统计年鉴的相关数据，定量分析了航空航天产业的创新能力，得出的结论是从技术创新、组织要素和环境要素等几方面入手，可以提升中国航空航天产业的创新能力。

二、区域维度装备制造业技术创新研究

在中国建设创新型国家的战略推动下，区域技术创新问题相关研究逐步成为理论界研究的热点问题。所谓区域技术创新体系，是指一个区域经济体系内促进技术创新的制度组织网络。关于区域技术创新，人们以往将关注点更多地放在区域内的资金是否雄厚、自然资源是否丰富等。而美国硅谷的经验表明，只是依靠某一单独因素无法取得区域技术创新的成功，其关键在于一个体系的成立。技术创新是一个体系工程，其中呈现出体系化、网络化特征。通过在区域内技术创新的局部聚集，这一体系将本区域内的文化资源、经济资源及技术资源等有机融合，进而构建出有效的技术创新体系，并形成了具有地方特色的产业集聚。因此，许多学者将区域技术创新问题结合中国装备制造业发展进行了深入的研究与探讨。

（一）以多个省市为研究对象

柳喜花（2006）建立了产业技术创新能力指标体系，同时将中国装备制造业划分为5大区域，将2003年中国31个省、市、自治区的装备制造业的实际数据作为基础，利用灰色关联度评价法测算了中国装备制造业技术创新能力，进而提出了相关改进对策。冯梅（2007）从三个方面（技术

创新能力、制度创新能力和市场创新能力）构建了装备制造业创新能力评价指标体系，运用主成分分析法对中国31个省、市、自治区装备制造业创新能力进行了评价与比较，并以上海市为例对装备制造业创新能力进行了具体分析。赵阳华（2008）在探讨中国装备制造业问题时指出，除产业集中度低、技术研发能力弱问题之外，还特别提出与这两个问题密切相关的产业控制力差问题，跨国公司在中国装备制造业领域占有较大的市场份额，中国国产装备的整体国内市场满足度还不到60%，在重大装备领域，此百分比更低。中国装备工业产品出口质量不高，尤其是拥有自主知识产权品牌产品的出口比例很低（不到10%），绝大部分使用外国品牌或贴牌生产。产品的科技含量低，出口效益不高、结构欠优，在国际分工中处于产业链低端，缺乏竞争力强的企业集团。孙韬（2011）阐述了装备制造业技术创新的未来发展趋势是全球化、信息化及绿色环保化，而目前的技术创新能力不强，则是导致东三省装备制造业整体水平不断下降的主要原因。应建立技术创新支撑体系，这一体系包括科技成果转化服务平台、创新资金服务平台、人力资源服务平台、社会环境支撑平台及企业文化服务平台，共同促进东三省装备制造业的发展。

（二）以某个省市为研究对象

王国顺（2005）基于1993～2002年湖南省装备制造业的行业面板数据，通过DEA方法和Malmquist指数法，对全要素生产率进行了测算，将其分解为技术效率和技术进步两部分。刘军（2006）在分析了辽宁省装备制造业技术创新面临的困难之后，认为应广泛使用新技术改造装备制造企业，同时，建立有利于企业技术创新的外部支持系统，做大做强辽宁省装备制造业。其研究主要是定性分析，没有定量分析。刘晓林（2008）以分析湖北省装备制造业现状为基础，构建出企业技术创新能力指标体系和评价模型，运用层次分析方法和数理统计分析方法，以湖北省装备制造业为研究对象，通过大量的实证案例数据，总体评价了湖北省装备制造业的技术创新能力。杨东奇、杜军（2009）通过梳理国内外有关产业技术创新能力评价指标体系，从三个方面（经济转化能力、技术创新资源投入能力、研究开发能力）构建了黑龙江省装备制造业技术创新能力评价指标体系，将黑龙江省装备制造业的 7 个行业作为研究样本，运用因子分析法评价模型对其创新能力进行评价。崔万田（2009）也利用因子分析，通过综合指数法对大连市和沈阳市的装备制造业内具体行业的技术创新能力作了比较研究，进而给出了提升这两个区域装备制造业技术创新能力的建议。范德成、沈红宇（2010）结合装备制造业的特点，构建了持续创新能力评价指标体系，同时运用 AHP 模糊综合评价法，对黑龙江省装备制造业持续创新能力作了实证分析，为增强黑龙江省装备制造业持续创新能力和市场竞争力提供了科学的决策依据。王灵、韩东林（2011）应用数据包络分析法和突变级数法，通过 2009 年安徽省制造业的数据，对其制造业技术创新效率进行了测评。结果表明，该省装备制造业技术创新效率较高，而原材料产业和轻纺工业技术创新效率较低。冀巨海、郭冬冬（2011）通过多指标投入产出法及因子分析定权法，分析了山西省装备制造业 7 个行业的技术创新效率并做出了排序，总结了各子行业的发展状况。

三、简要评述

通过总结现有的产业维度我国装备制造业技术创新文献，可以发现：基于装备制造业技术创新的研究，多数是运用各种模型，以计量的方法，假设一些影响因素，计算技术创新的能力和效率；基于某个具体行业的装备制造业技术创新研究，一般是从该行业具体特点出发，揭示了行业内技术创新的优势和劣势，为行业加快发展出计献策。可以说，无论是基于产业的研究，还是基于某个具体行业的研究，都较为客观地分析了装备制造业技术创新的现状，对研究装备制造业发展有一定的贡献。

现有区域维度的我国装备制造业技术创新研究大致分为两类：一类对我国装备制造业技术创新能力进行实证分析，并根据分析得到的结果进行相关排序，以了解装备制造业区域维度技术创新现状，给出的相关改善方案也有所依据；另一类分析影响我国装备制造业技术创新的相关因素及其作用机制，具体的研究方法多是运用计量模型，得出的结论数字化、具体化，这样得到的结论更让人信服。

以上，笔者分别从产业维度和区域维度对装备制造业技术创新的相关文献进行了回顾。总结后发现，以上两个方面的研究构成了我国装备制造业技术创新问题较为完整的总体逻辑框架。但是，现有涉及我国装备制造业技术创新的相关研究普遍缺乏统一的逻辑架构，对于发展装备制造业思路分析的科学性、实践性及可操作性需要进一步完善。并且，多数文献只涉及这两个方面中的一个方面，迄今为止，还没有综合两个维度对中国装备制造业技术创新状况进行较为全面的分析。

基于此，本研究拟在总结装备制造业与技术创新的历史、现状、理论机制的基础上，分别从产业维度和区域维度对装备制造业技术创新效率及影响因素进行全面的理论分析与实证研究，以便有针对性地给出装备制造业技术创新的相关改善路径，目的是促进我国装备制造业良性发展。

第三章

科技金融和装备制造业的相关理论

第一节　科技金融的概念及相关理论

一、科技金融的概念

目前，对科技金融方面的研究不少，但对于“科技金融”内涵和本质的探讨却不多。在国内，“科技金融”这个概念最早出现在 1993 年，这一年，中国科技金融促进会成立。但其后相当长的时间内，我国金融界与学术界对“科技金融”却缺乏一个明确完整、科学的定义。

赵昌文等（2009）第一次较为完整地给出了“科技金融”的定义。他认为科技金融是“第一生产力”的科技与经济发展“第一推动力”的金融这二者的有效融合。其定义为“科技金融是促进科技开发、成果转化和高新技术产业发展的一系列金融工具、金融制度、金融政策与金融服务的系统性安排”，在这个安排中，那些能够提供金融资源的主体包括政府、市场、企业、社会中介机构等，他们在科技创新的融资活动中形成了一个体系，并成为国家科技创新体系以及金融体系的重要部分。

基于熊彼特与佩雷斯的相关研究，房汉廷（2010）认为科技金融的本质可以概括为四点：第一，科技金融可视为一种创新活动，它是企业家将科学和技术转化为商业活动过程中的融资行为；第二，如果说技术革命是驱动新经济发展的引擎，那么金融是新经济发展的“燃料”，科技与金融的融合则改变了新经济增长模式；第三，科技与金融结合是科学技术被资本化的过程，也就是科技被资本孵化，演变为一种财富创造工具的过程；第四，科技与金融结合是金融资本有机构成被提高的过程，即“同质化的金融资本通过科学技术异质化的配置，获取高附加回报的过程”。这个概念中，它的主要创新点在于第三、第四点，科学技术，因为有了金融这个最为关键的生产要素，使得它能够顺利形成产品，形成财富的增值。投资科技使金融资本获利丰厚，这是金融愿意投向科技的原因。金融资产投资回报率的高低取决于一定时期科技资产的总量和结构。某一领域的科技资产富集以后，如果金融资本成功介入，将会促进战略性新兴产业的出现。由此可见，让金融资本参与到科技创新的活动中，使它在分散科技创新的风险的同时，也能分享科技创新的收益，这是科技与金融有效结合的机制；金融资本让科技创新更快，从而为自身带来丰厚的回报。这个机制包含两层含义：一是科技创新需要借助金融资本来实现风险分散以及财富增值；二是科技创新将促进生产效率的提高，从而为金融资本带来高额回报。

洪银兴（2011）认为科技金融是“金融资本以科技创新尤其是以创新成果孵化为新技术并创新科技企业并推进高新技术产业化为内容的金融活动”。从投资科技创新的阶段来看，在科技创新的源头——知识创新阶段，关注的是创新成果的基础性、公益性和公共性。因此，政府财政资金是责无旁贷的主体。科技创新成果进入市场阶段，金融资本将成为投入的主体，吸引金融资本科技创新将带来的投资收益。然而，在洪银兴看来，知识创新阶段和科技创新成果进入市场阶段是在科技创新路线图的两端，而在科技创新路线图中的中间阶段投资主体是不明确的，中间阶段才是需要科技金融支持的阶段。

二、科技金融的构成体系

从参与主体的视角看，科技金融体系是在科技金融环境下，由科技金融需求方、科技金融供给方、科技金融中介机构、政府和科技金融生态环境等科技金融要素构成的综合体。

科技金融的需求方：包括高新技术企业、大专院校及其他科研机构、政府和个人，其中高新技术企业是科技金融的主要需求方，也是本文研究的重点。大专院校和其他科研机构主要是财政性科技投入的需求方，此外，也是科技贷款和科技保险的需求方。

科技金融的供给方：主要是指银行等金融机构，创业风险投资机构、科技保险机构和科技资本市场，另外，个人也是科技金融的供给方，如民间金融和高新技术企业内部融资等。

科技金融中介机构：包括担保机构、信用评级机构、律师事务所、会计事务所等，这些机构在减少金融市场信息不对称方面起到了积极的作用。

另外，政府是科技金融体系中特殊的参与主体，因为政府既是科技金融的供给方、需求方，又是科技金融的中介机构，还是科技金融市场的引导者和调控者。

三、我国科技金融的发展历程

经济体制的改革促进了科技金融在我国的诞生，并且在改革的推进下得到逐步发展和完善。我国科技金融大致划分为科技金融萌芽阶段、科技金融发展阶段和科技金融完善阶段三个阶段。

（一）科技金融萌芽阶段

我国金融体制改革始于1978年。此后，邓小平同志提出了“利用外债论”“银行改革论”“银行杠杆论”及“金融人才建设论”等论点，“要把银行作为发展经济、革新技术的杠杆，要把银行办成真正的银行”，我国开始建立宏观金融调控体制，重新构建中央银行体系、货币市场等各类金融组织体系。1984年，借着改革开放的时代浪潮，原有的落后金融体制发生了翻天覆地的变化。政府决定将中国人民银行作为国家银行，分离了原有的其他职能，并分立出工、建、农、中四大行，此后又通过股份制改造成立了一批商业性银行。随着各银行纷纷开展科技贷款业务，科技金融开始萌芽，拥有了新的投入来源，科技活动获得了新的成长空间。1985 年 9 月，中国新技术创业投资公司的获批成立，填补了我国创业风险投资零的空白。高技术企业的发展得到了来自风险投资市场的支持力量。1988 年 5 月，我国最初的国家级高新技术产业开发区即中关村国家自主创新示范区在北京成立，成为我国高科技产业的发展中心。这一时期，政府的一系列政策调控和各类金融机构的诞生，促使金融体系内外部的发展环境日趋完善，科技金融进入了萌芽阶段。

（二）科技金融发展阶段

1990 年 11 月，上海证券交易所成立。1990 年 12 月，深圳证券交易所成立，企业的科技活动发展获得了来自市场资金的强力支撑。1992 年 11 月，中国科技金融促进会成立，其间中美合作成立太平洋技术风险中国基金公司，这一事件代表着风险投资跨步进入我国资本市场领域。为促进科学技术的发展，发挥科技对经济和社会的推动作用，1993 年 7 月，人大常委会颁布了《中华人民共和国科学技术进步法》，在法律层面为科技的发展保驾护航。之后，党中央、国务院决定要大力培育有利于高新技术产业发展的资本市场，1999 年 8 月出台了《关于加强技术创新，发展高科技，实现产业化的决定》，其中明确地涉及了这一点。2004 年 5 月 7 日，中小企业版在深圳证券交易所正式上市，不仅为主业突出、具有成长性和科技含量的中小企业提供了优质的融资渠道和发展平台，也为风险资本找到了新的投资方向。这一阶段，伴随证券交易市场的建立和发展，风险投资也迎来了春天，政府对金融支持科技发展的作用越加重视，科技企业的融资渠道更加丰富，科技金融得到了飞速发展。

（三）科技金融完善阶段

2006 年，《国家中长期科学和技术发展规划纲要》规定，加强自主创新、构建创新型国家成为新时代背景下的战略方向，该纲要还指出，应加大政府财政和科技部门投入力度，同时积极调动全社会的科技资源，发展多元化的科技投入体系，拓宽科技投入渠道，提高科技投入效率，为提升我国自主创新能力打下坚实基础。2009 年，面对全球金融危机带来的挑战，政府下发了《关于发挥科技支撑作用促进经济平稳较快发展的意见》的通知，明确提出助力我国走出世界经济危机阴云需要来自科技金融的强力支撑。2010 年 10 月，历尽波折的中国创业板正式上市，高新技术企业的融资渠道进一步拓宽，也为风险资本营造了正常的退出机制。2010 年 12 月，主要政府财政和科技部门决定联合开展"促进科技和金融结合试点"，力图通过加强科技和金融的优质结合，培育出一批具有代表性的战略性新兴产业，同时也为科技成果的转化拓宽渠道，支撑和引领经济发展方式转变。2013 年 1 月 16 日，全国中小企业股份转让系统在北京落地，拓宽了科技企业的股权融资渠道。2017 年 7 月，习近平总书记在全国金融工作会议上提出，更好地发挥金融服务实体经济的作用。梳理有效融资需求，扩大有效信贷投放，加强对重点领域和创新行业的金融支持。科技金融的发展已经进入了发展完善和深化阶段。2018 年，深交所发布了《发展战略规划纲要（2018—2020 年）》，预计未来 3 年将大力推进创业板改革，针对创新创业型高新技术企业的盈利和股权特定，推动完善 IPO 发行上市条件，扩大创业板包容性。这一阶段，创新上升至国家重大发展战略的高度，科技金融作为推动创新型国家构建的"排头兵"，一直在不断地完善。

四、我国科技金融的现状

改革开放以来，我国的科技金融一直在不断壮大，特别是近年来，我国科技金融取得了跨越式发展。2006 年，我国发布了《国家中长期科学和技术发展规划纲要（2006—2020 年）》和《国家中长期科学和技术发展规划纲要（2006—2020年）》的若干配套政策。党的十七届五中全会也明确提出，坚持把科技进步和创新作为加快经济发展方式转变的重要支撑。结合实际，我国科技金融目前呈现出以下特点。

（一）科技投入不足

科技金融发展的前提是科技创新活动大量出现，特别是党的十六大以来，随着我国经济发展方式逐渐转变，科技创新日益成为国家战略，我国科技投入不断提高，但是我国科技投入的规模依然较小。从研发费用占GDP的比重来看，2018年，我国研发费用占GDP的比重仅为2.18%，美国、日本、德国、法国等发达国家的这一比重在2%～3%，美国高达2.8%。从科技投入的内部结构来看，除了日本和韩国外，世界上大部分国家用于基础研究的投入比重都在20%～30%，而我国基础研究的投入水平只有6%，远低于其他国家。我国对科技创新的重视程度不断提高，对科技的投入也不断提高，但是我国科技投入的总体规模依然偏小。

（二）产学研结合乏力

科技金融服务的对象是科技创新行为。从我国科技创新实际来看，我国科技创新行为主要由科研机构和企业完成，其中科研机构主要包括大学和其他独立于大学和企业之外的研究机构。科研机构和企业用于科技创新的资金统称为研究与试验发展资金，即*R&D*。2018年，我国*R&D*经费总支出19677.9亿元人民币，其中，企业*R&D*经费支出占总支出的77.4%，政府*R&D*经费支出占总支出的13.7%，高校*R&D*经费支出占总支出的7.4%。这一比例基本接近于美国等发达国家的比例。然而，从科技创新的主体来看，我国科研机构与企业的联系是脱节的，产学研结合乏力导致我国科技创新不足。长期以来，我国的科研机构以理论研究为主，近年来，科研机构的研究方向逐渐向实践研究转变，科研机构与企业的联系也逐渐增强，但是我国科研机构的经费主要来自政府，科研机构完成的项目也主要是纵向课题，科研机构与企业之间的联系脱节。由于科研机构并不完全了解企业需求，由科研机构所完成的科技创新大部分无法转换成企业现实的生产力。这种科研机构与企业联系的脱节最终导致的结果是我国一部分科技创新不能转换成现实生产力，影响了整个社会的科技创新和发展。

（三）多元化科技金融投资主体尚未形成

科技创新通常表现为一种新思想，在有一定的投入后才能转化为新技术，投入产后变为产品，最终在市场上实现价值，从而完成一个科技创新的流程。但是从新思想到新技术，从新技术到投入生产变成产品，再从产品到市场，每个环节都充满风险，因此，科技创新的发展需要大量的资金投入，特别是需要风险投资资金、创业投资资金的大量介入。国外的科技金融发展主要依靠风险投资资金和创业投资资金。改革开放四十多年来，我国科技金融经历了行政供给制财政拨款、科技贷款介入、市场机制介入、风险投资介入、资本市场介入、全面深化及融合六个发展阶段。但是风险投资和创业投资企业在我国起步较晚，发展较为缓慢，因此，目前我国科技创新主要依靠政府财政性投入、政策性贷款和商业银行贷款。我国科技金融投资主体较为单一，特别是缺乏大规模风险投资资金和创业投资资金的介入，是导致我国科技金融发展较为缓慢的主要原因。

（四）科技金融中介服务欠发达

科技金融是一种特殊的金融服务，除了需要有科技创新行为发生，有科技金融投资主体的大量参与，诸如会计、资产评估、担保、保险、法律等中介服务是保障科技金融服务正常进行的重要条件。虽然科技金融在我国的发展已经有四十多年历史，但是直到近年来科技金融才实现较快发展，这与我国科技金融中介服务特别是担保和保险服务不发达有关，与科技金融中介服务相关的法律、法规不健全有关。以科技保险为例，2019年，中国保险科技行业融资金额为39.8亿元，也就是说，我国科技保险正处于试点阶段，还没有全面铺开，现有的保险金额远远不能满足我国科技创新的需要。

（五）科技金融人才较为匮乏

科技金融在本质上是金融，但由于科技金融服务的对象是科技创新行为，因此，科技金融是一种新形式的金融服务。从这个角度来看，我国科技金融的发展还需要大批懂科技金融的专门人才，而我国现有的绝大部分金融人才从事的是传统金融业务，对科技创新缺乏一定的识别能力，对科技创新的风险估计和预算能力不足，特别是科技金融服务与风险投资、会计、审计、资产评估、保险、担保等业务有一定关联，因此，对科技金融人才的要求较高。科技创新特别是科技金融在我国是新兴事物，现有的金融人才还无法更好地为科技创新提供服务，从而影响了整个社会的科技金融发展。

第二节 技术创新的概念及相关理论

自熊彼特提出创新理论之后，众多学者对技术创新做了深入细致的研究，除对技术创新进行理论探讨之外，还展开了实证研究，并提出各自的独特见解。

一、技术创新的概念

Solo（1951）在著作《资本化过程中的创新：对熊彼特理论的评论》中，对技术创新理论展开了较为全面的研究，提出了新思想来源及以后阶段的实现发展是技术创新成立的两个条件。1957 年，Solo 在《技术进步与总生产函数》一文中计算出美国制造业在 1909 ～ 1949 年总产出中约有

88%应归功于技术进步，索洛残差是技术进步的结果。

Enos（1962）在《石油加工业中的发明与创新》一文中，将技术创新明确定义为："技术创新是几种行为的综合结果。这些行为包含组织建立、资本投入保证、制订计划、发明的选择、开辟市场和招用工人等。"

Freeman（1973）在《工业创新中的成功与失败研究》一文中，总结技术创新是："工艺的、技术的及商业化的全过程，其能够实现新技术、新工艺与装备的商业化及新产品的市场化。"1982年，他在《工业创新经济学》一文中对该定义进行修改，他提到："技术创新就是新产品、新过程、新服务及新系统等第一次商业化的转变。"

傅家骥（1998）在其著作《技术创新学》中，全面定义了技术创新。其具体内涵是："为了获取商业利益，企业家抓住市场盈利机会，重新组合生产要素、生产条件以及组织方式，建立起生产费用更低、生产效率更高和生产效能更强的经营系统，从而能够获取新的供给来源给原材料或半成品，采用新的生产方法和生产工艺，制造出新的产品、开辟新的市场及建立新的企业组织形式，它是由商业、金融、科技和组织的一系列活动组成的综合过程。"

从上述总结可以发现，站在不同的视角，各位学者对技术创新的定义各不相同，而想用一个定义来统一所有学者的观点也很难做到。因此，本研究认为，比较妥善的做法是从不同视角对技术创新进行定义，全面概括出技术创新的内涵。

（一）立足于新产品、新工艺的视角总结技术创新内涵

当今社会，作为经济体系的内生变量，技术被广泛地应用于经济行动和经济制度中。大量的技术创新活动存在于工业、商业、农业、服务业、卫生等领域。但由于工业技术创新在经济发展和经济结构调整过程中发挥着特别的作用，所以，其受到的关注程度更多一些。回顾相关文献，技术创新的主要内涵是工业技术创新。虽然技术应用在工业生产活动中呈现出

多维度特性，但技术促进工业的主要内容及形式依然是技术发明成果能否转化为新产品或新工艺，从而进入市场进行销售。对于技术创新，目前阶段的理解是科技新设想（如概念、发现、发明等）转成“改进的产品”进行销售或“新的工艺”进行生产。人们以不同的标准对“改进的”或“新的”进行衡量。然而，并不是所有“改进的”或“新的”产品及工艺都能称作技术创新。大多数所谓的新工艺和新产品，只是在技术细节处做出少许改变，或者在美学设计上做了细小改变，这些变化只能称为品种和工艺程序的延伸，而不能称之为技术创新。

（二）立足于生产函数的视角总结技术创新内涵

从生产函数概念的角度来定义技术创新，需要建立一种包含全新生产要素和生产条件的“新组合”生产函数。在市场经济中，通过不断实现这种新组合来促进经济的发展，而新组合的实现者则是企业家。企业家与普通企业经营管理者的区别是：企业家在经济活动中敢于引入新材料、新技术、新方法、新发明，并勇于承担相关的各种风险，以此促使革命性的突破和发展。而普通企业经营管理者只按照传统的经济轨道运行，墨守成规、周而复始。从这个角度来讲，只有企业家才有资格称得上是“创新者”，而普通经营管理者只是“值班员”。由于技术创新生产函数与技术进步生产函数都是广义的概念，且十分相似，在理论研究和经济学的数量分析中，常常不区分技术进步和技术创新。

（三）立足于过程的视角总结技术创新内涵

相比较前两种内涵而言，技术创新的新工艺和新产品概念具有的优点是简单且便于统计，但其缺点是技术创新活动的过程性质及时态特征无法得到体现。技术创新的生产函数概念具有的优点是将技术创新随时间变化的特点展现出来，但其缺点是作为理论化的概念，不利于把握和理解。因此，技术创新过程概念被提了出来，即将技术创新视为一种动态过程，在此过程中，把新技术设想转化为能在市场上销售的新产品和能在新工艺中应用的新技术。可以从四个方面理解技术创新过程概念：第一，研发是新设想及新发明产生过程中最重要的环节。第二，技术创新是一种转化过程。能够将新技术从设想转化为实实在在的新工艺或新产品。技术创新的转化过程不仅是培育创新设想的过程，还是再创造和再发明的过程，其中体现了创造性活动。第三，技术创新是将技术和市场有机结合的过程。技术创新的载体是市场，技术创新通过市场对经济和社会产生作用。当一种新技术的设想或发明转化成新产品以后，如果不能进入市场，只会造成资源的浪费，而不能增加社会财富和收益。所以，在技术创新过程中，应该做好市场调研，从进入市场逐渐过渡为适应市场，并最终占领市场。第四，技术创新过程概念包括多个环节，如研发、设计、制造等。新技术的产生、转化和进入市场是一个互动循环的过程，而不是一个独立的过程。

二、技术创新的分类

经过总结技术创新的内涵，可以发现技术创新的核心是把一种新产品、新工艺或新服务引入市场，实现其商业价值的过程。因此，技术创新大体上分为三种类型[1]：

（一）原始创新

原始创新是根本性创新。原始创新主要是指产生重要技术发明、突破重大原理及出现新科学发现等创新成果。原始创新是一个国家科技创新能力的核心，也是一个民族对人类文明进步所做出的重要贡献。在基础性研究及应用性研究领域，原始创新并不排斥对人类已有科技发展优秀成果的

[1] 遵循不同的分类标准，技术创新有多种分类方式，不同的分类方式，从不同的角度对技术创新进行研究和思考。

借鉴，而是建立在消化吸收基础上的“质”的提升。原始创新一般是从发明开始，通过做出样品，然后不断地完善，使之成为一种新产品或新技术。原始创新是非常困难的，但也是非常有价值的。因为原始创新本质上是发明，创新者站在技术的前沿，拥有自主知识产权。

（二）集成创新

集成创新是指通过优化、选择和集成各种创新要素，重新整合技术，或者把某个领域的成熟技术引进另一个领域，使之能够创造出新变化，形成优势互补的整体动态创新过程。企业作为集成创新的主体，利用各种信息技术和管理技术，对创新内容和要素进行选择、优化和集成，以此占有更多的市场份额，创造出更大的经济效益。其中，参与各方组织协调和创新内容选择也是非常重要的。集成创新要求不同类型的创新资源相互激发，其本质是创新要素的交叉和融合。

（三）引进消化吸收再创新

引进消化吸收再创新可以说是最基本的创新形式，消化吸收各种引进的技术资源并在此基础上完成重大创新。以已经存在的技术为基础是引进消化吸收再创新与集成创新的相同点。其不同点表现在引进消化吸收再创新的结果是产品价值链某些重要环节的重大创新，而集成创新的结果是一个全新产品。一般而言，发展中国家普遍采取引进消化吸收再创新的创新模式。

技术创新由原始创新、集成创新和引进消化吸收再创新三个有机组成部分，形成一个合理的发展过程。技术创新的动力源泉是原始创新，利用原始创新的成果，开展集成创新和引进消化吸收再创新，使创新能力得到进一步发挥。三者不可偏废。本研究所涉及的技术创新是原始创新、集成创新和引进消化吸收再创新的集合体，与三种类型的创新均有相关性。

三、技术创新的特点

技术创新是一项系统工程，其复杂性不言而喻。因此，技术创新的鲜明特征主要表现在以下五个方面：

（一）连续性

发展和进步是技术创新的特性之一，而任何技术的发展和进步都是以现有知识成果为基础，首先是继承，然后是发展并延续。因此，都不可避免地受到原有技术范式和发展轨道的影响。在技术创新过程中，已有的创新成果是新一轮创新的基础，但这并不意味着彻底否定现有生产要素或产品组合，相反，这是在已有技术累积和知识累积基础上实现的突破。技术创新连续性的另一层表象是：技术创新更多时候是渐进的、局部的，并不是每一次技术创新都会出现跨越式发展或重大的突破。

（二）主体性

主体对于任何实践活动而言都是至关重要的。因而，技术创新实践过程中必不可少的要素是技术创新主体。具体而言，技术创新主体扮演着参与技术创新活动，实现技术价值转化，并创造出新产品或新工艺，占据技术创新活动主导地位，并且发挥主导性作用的角色。虽然许多组织以不同形式参与创新活动，在技术创新活动过程中担负着不同的功能，但是，由于企业的主要作用是对要素进行组合，而其他角色的作用是提供资源，所以，企业才是技术创新的主体，其主体性涵盖了对技术创新的投资、研发、决策及收益[1]。

[1] 有时某项技术创新是在科研院所内实验完成后转让给企业，这时的技术创新主体貌似是科研院所，但就技术最终得到应用的视角而言，主体仍然是企业，因为企业使技术创新从图纸转化为现实。

（三）收益性

企业进行技术创新的最主要目的是获取高额利润，以对各种成本进行弥补。因此，收益性是企业开展技术创新活动的原动力。技术创新伴随着高风险和高回报。其中的风险包括资金风险、决策风险及市场风险等。但每一次成功的技术创新都会带来较高的经济收益，获得高额利润只是收益性的表象之一，更重要的是证明了企业存在的社会价值及推动社会经济发展的功能。技术创新是企业家为了获取更高收益，抓住潜在的赢利机会，对生产条件及要素进行有机重组，概括而言，技术创新的出发点是市场，技术创新的终点也是市场。新产品和新技术能否得到市场认可是检验企业技术创新是否成功的重要标志。

（四）不确定性

技术创新是创造性活动，许多不确定性因素、不可控因素及不可预测性因素必然包含其中。这些因素主要表现为：政策和法规等外部环境发生了变化、消费者的消费观念和消费结构发生了变化、竞争对手在市场上推出了更具竞争力的新产品及企业自身的投资决策出现了失误等。在技术创新过程中，政策、法规、资金及市场等方面的不确定性有可能导致技术创新失败，并且，某些时候失败的可能性要大于成功的可能性，所以，技术创新的不确定性特征也可以理解为风险性特征。

（五）历史性

技术创新是一种特殊的实践活动，是人类将发明创造转化为现实生产力的具体过程，从而推动社会经济发展。社会、历史等因素在转化过程中制约着技术创新的发展方向，并随着社会历史的发展而变化。由于技术具有自然属性和社会属性的特征，只拥有其中一项属性的技术是不完善的，很难在社会中转化为实实在在的生产力。不应该仅仅以科学技术原理来判断技术创新是否成功，而应该以社会、经济的价值观念和价值准则来判定技术创新成功与否。

第三节 装备制造业的概念及相关理论

一、装备制造业的概念

目前，国际上没有关于“装备制造业”的统一划分标准，还没有把“装备制造业”从制造业中单独划分出来。世界其他国家（包括国际组织）尚未提出“装备制造业”的概念。而在中国，学术文献及政府文件中将“装备制造业”专门表述得较为普遍。此概念正式出现在1998年的中央经济工作会议，会上明确提出“要大力发展装备制造业”[1]。可以说，“装备制造业”的概念是中国独有的。

装备制造业是制造业的核心，学者们对于装备制造业的概念尚未达成一致，各自的认识不尽相同。

国家发展计划委员会产业发展司于2002年从三种意义对“装备制造业”进行了定义。首先，在对经济社会发展的意义方面，装备制造业是指为国民经济和安全提供技术装备的企业总称。其次，从两大部类的意义视角，装备制造业是为国民经济的各个部门提供生产工具，以进行简单再生产及扩大再生产的生产制造部门。最后，在现代三次产业划分的意义方面，装备制造业是指资本品制造业及相关零部件制造业。

中国工程院对“装备制造业”内涵的界定是：为国民经济、国防安全提供技术装备企业的总称。

中国社科院工业经济研究所对“装备制造业”的定义是：为国民经济

[1]《经济日报》，1998年12月10日，第1版。

提供技术装备的生产制造部门。

在总结现有文献的基础上，本研究将装备制造业概括为“生产机器的机器制造业”，即为国民经济各个部门进行简单再生产、扩大再生产提供技术装备工具的各个制造工业的总称。

二、装备制造业的范围和分类

中国产业分类标准与国际产业分类标准（ISIC）及国际贸易分类标准（SITC）口径不尽一致[1]。为了数据采集及对比研究的需要，使“装备制造业”的统计口径与国际标准尽量接近，本研究所界定的“装备制造业”范围主要是指国际工业分类标准——ISIC 中的 38 大类，即 ISIC38。具体而言，按照《国民经济行业分类》(GB/T 4754—2011)[2]，中国装备制造业分成 7 个大类、42 个中类[3]，详细内容如表 3-1 所示。

表3-1　中国装备制造业分类

大类	中类
一、金属制品业	1. 金属结构制造业
	2. 铸铁管制造业

❶ ISIC 和 SITC 是联合国、世界银行、国际货币基金组织、经济合作与发展组织、欧洲共同体委员会等共同编制“国际经济核算体系”。

❷《国民经济行业分类》是经中国质量监督检验检疫总局、国家标准化管理委员会批准发布，于 2011 年 11 月 1 日实施。

❸ 中国关于“装备制造业”的划分，相当于国际产业分类标准的 382 除电气外机械制造业（非电气机械）；383 电气机械制造业（电气机械）；384 运输设备制造业（运输设备）；385 科学、测量、控制、光学设备制造业（专业和科学设备）。相当于美国的 35 工业机械及设备制造业；36 电子及其他电气设备制造业；37 运输设备制造业；38 仪器及相关设备制造业。相当于欧洲国家的“资本货物制造业”。

续表

大类	中类
一、金属制品业	3. 工具制造业
	4. 集装箱和金属包装物品制造业
	5. 金属丝绳及其制品业
	6. 建筑用金属制品业
	7. 金属表面处理及热处理业
	8. 其他金属制品业
二、通用设备制造业	9. 锅炉及原动机制造业
	10. 金属加工机械制造业
	11. 通用设备制造业
	12. 轴承、阀门制造业
	13. 其他通用零部件制造业
	14. 铸锻件制造业
	15. 其他普通机械制造业
三、专用设备制造业	16. 冶金、矿山、机电工业专用设备制造业
	17. 石化及其他工业专用设备制造业
	18. 轻纺工业专用设备制造业
	19. 农、林、牧、渔、水利业机械制造业
	20. 医疗器械制造业
	21. 其他专用设备制造业
四、交通运输设备制造业	22. 铁路运输设备制造业
	23. 汽车制造业
	24. 电车制造业
	25. 船舶制造业
	26. 航空航天器制造业
	27. 其他交通运输设备制造业

续表

大类	中类
五、电气机械及器材制造业	28. 电机制造业
	29. 输配电及控制设备制造业
	30. 电工器材制造业
	31. 其他电气机械制造业
六、通信设备、计算机及其他电子设备制造业	32. 通信设备制造业
	33. 雷达制造业
	34. 广播电视设备制造业
	35. 电子计算机制造业
	36. 其他电子设备制造业
七、仪器仪表及文化、办公用机械制造业	37. 通用仪器表制造业
	38. 专用仪器仪表制造业
	39. 电子测量仪器制造业
	40. 计量器具制造业
	41. 文化、办公用机械制造业
	42. 其他仪器仪表制造业

三、装备制造业的特点

一个国家装备制造业的发展水平，不仅能够从宏观上反映该国的科技现状和工业实力，而且决定该国经济总体状况和工业化进程，甚至直接影响该国的综合实力及国家安全能否得以增强。因此，装备制造业通常被认为是衡量一个国家或地区综合竞争力的重要标志。一般而言，装备制造业具有以下五点特征：

（一）资本密集

资本密集是指装备制造业需要很大的财力投入。装备制造业从生产通用类装备（如农用机械、工程机械），到生产基础类装备（如机床、工装），再到生产成套类装备（如石油、化工、煤化工、盐化工成套设备等），以至生产更高级的安全保障类装备和高技术关键装备（如军事、航空航天装备等），其厂房成本、设备成本、材料成本、研发成本、人力成本等开支十分巨大，投资规模动辄上亿，以十亿、百亿观，屡见不鲜。因此，装备制造业是典型的资本密集型产业。近年来，国际资本对我国装备制造业的投资节节攀高，目前，在我国装备制造业的外资企业产值过亿元的就有上千家。

（二）技术密集

技术密集是指装备制造业的生产过程对技术和智力要素依赖大大超过其他行业。例如，核电成套设备、生产大型火电、水电；大型科学仪器与医疗设备；飞机、船舶、高速铁路、城市轨道、汽车等先进交通运输设备；航空航天装备、大型军事装备等。这些产品的共同特点是技术含量高、生产工艺精密，组织过程复杂，对研发水平、技术实力、知识产权投入等方面的要求都很高。所以，装备制造业又可谓技术密集型产业。同时，科学技术也要靠工业生产部门来实现物质化，而装备制造业可以准确地完成这个任务。装备制造业通过积极的创新活动来消化并且吸收各种新的产业技术，不断地容纳各种高新信息技术、制造技术和软件技术，是高新技术产业化的高效率载体。由于装备制造业的环节较长，仅生产制造环节就包含了原材料采购、零部件加工及委托加工制造等多个步骤，在这一过程中，各上下游企业本身就构成了一个相互联系的产业链，而且在这个产业链条中分工生产协作的程度及协作效率都比较高。

（三）劳动密集

劳动密集是指装备制造业的产品生产制造过程需要大量人力资源参与。一般认为，生产过程对劳动要素的依赖与对技术要素的依赖成反比，即技术程度较低的产业会需要更多的劳动力。但是，装备制造业是个特例，装备制造业同时拥有技术密集与劳动密集两个特点。原因在于：装备制造业的产品，如电力成套设备、矿产资源的开采设备、石油化工成套设备、航空航天、船舶、地铁、军事装备等，其生产组织的过程都相当复杂，主要采用非标制造、项目制造和按单制造等模式进行，而这些生产组织模式完全不同于最终消费品制造业领域的生产组织模式。批量化、流水线式的生产方式大量存在于最终消费品制造业的产品生产中，而在装备制造业中，由少数人员看管数条生产线便可生产的情况几乎不存在。在这种模式下，大量的定制化设计、定制化生产组织、定制化采购、定制化装配工作以及生产计划调整等事项、过程中的技术工艺变更都需要依靠人力来完成。在这种非标制造、项目制造、按单制造的模式中没有一成不变的、自动化式的生产过程。所以，装备制造业是少有的对资本、技术与人力的需求都很旺盛的产业。同时是资金密集、技术密集和劳动密集型产业，正因如此，装备制造业对投资、技术进步、就业的拉动效果极为明显，能够成为国民经济的支柱性产业。

（四）关联性强

由于装备制造业本身就包含 7 个大类、42 个中类，所以，其生产制造的涵盖面非常广。而且，很多装备制造企业都与社会上其他产业部门有着紧密的联系。由此可见，装备制造业的生产关联度高、服务链条长、外部效应大。装备制造业的影响力系数也很大，其自身发展得顺利，就会有效地带动其他相关行业的良性发展。例如，在装备制造业中，汽车制造业可谓是地区支柱性产业。大约 70% 的汽车产值是上下游产业生产的附加值[1]，因此，汽车制造业的蓬勃发展，能够很好地带动其上下游相关企业的积极发展。这也是各地政府部门都愿意制定促进汽车产业发展政策的原因。

---

[1]《遵义晚报》，2013 年 10 月 8 日。

（五）战略地位显著

任何一个国家的装备制造业，都是事关其综合国力和经济安全的战略性产业。毫不夸张地讲，从一个国家的装备制造业发展水平可以看出该国的配套能力，例如，材料加工制造、工艺设计、科学技术等多个方面。一个国家在经济与技术方面的实力，需要通过一些成套性强、技术难度大、跨行业合作的重大技术性装备制造能力来体现。所以，大力发展装备制造业，有利于提高劳动生产率和国民经济技术水平，提高国家的国际综合竞争力。处于工业化成熟阶段的国家，都会将发展国家主导产业的目标聚焦在装备制造业。

四、装备制造企业的种类

按投资来源不同，中国的企业分为内资企业和外资企业。内资企业具体包括五种类型：国有企业、集体企业、私营企业、联营企业和股份企业。其共同特点是以国有资产、集体资产、国内个人资产投资创办的企业。外资企业具体包括三种类型：外商独资经营企业、中外合资经营企业及中外合作经营企业。其共同特点是包括所有含有外资成分的企业。港澳台商投资企业属于外资企业。

参照《中国统计年鉴》《中国工业经济年鉴》及“中国经济与社会发展统计数据库”等相关资源，结合中国装备制造业的实际，根据有关企业的分类标准，本研究按装备制造企业的投资来源，将装备制造企业划分为装备制造内资企业和装备制造外资企业。其中，装备制造内资企业包括：国有及国有控股装备制造企业、集体装备制造企业及私营装备制造企业。装备制造外资企业包括外商投资装备制造企业和港澳台商投资装备制造企业，如图 3-1 所示。

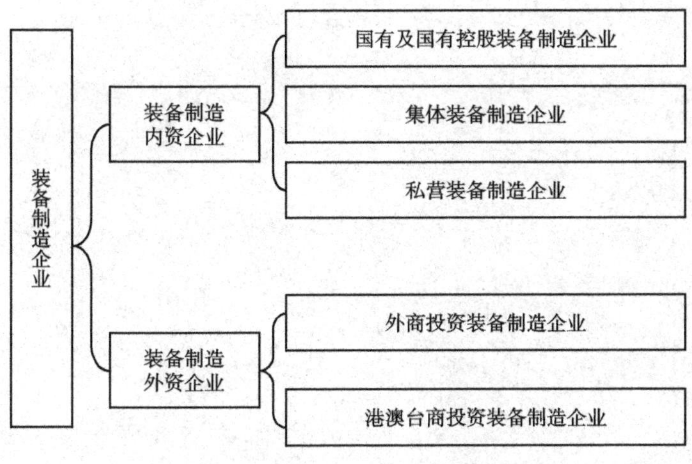

图3－1　装备制造企业种类

第四章
科技金融和我国装备制造业的历史与现状

第一节　科技金融推动技术创新的国际经验

由于我国科技金融起步较晚，国内金融水平和技术创新水平都落后于欧美等发达国家。发达国家在经历多次变革后才形成了系统的科技金融体系，这些成功与失败的经历可以为我国科技金融体系的建立提供帮助。本节通过介绍美国和日本的科技金融发展经验，对两国的发展历程中的共同点进行总结，期望这些总结可以为我国科技金融体系的构建提供一定的发展方向和途径。

一、美国的经验

杜琰琰和束兰根（2013）提出美国的科技金融体系发展很完善和成熟，这是因为在美国，使用风险贷款的初创公司维持在 65% ～ 75%，风险投资每增加 1 美元，风险贷款就会增加 0.14 美元，因此，风险贷款已经成为初创企业发展资金的一部分。通过对美国科技金融的发展过程来看，其政府作用、政策制度和金融工具的设计都值得我国借鉴和学习。

1946 年，全球首家风险投资机构成立——美国研究与发展公司，它的成立为风险投资体系的建立开创了开端。随后，为了更好地鼓励小企业发展，1953 年创立了小企业管理局，其作用是解决小企业资金短缺问题。1983 年创立了全球首家商业模式运作的创业银行——硅谷银行，这是目前全球最大规模的科技创业银行。

美国风险投资市场是一步步发展起来的，而政府对民间资本和各类风险投资中介机构的促进作用加快风险投资体系的形成。政府主要通过出台关于财政、税收、采购和投融资等方面的政策来加快风险投资体系的建立。当然，政府出台的不仅仅是一些政策，在法律方面也有涉及，比如，1958 年通过的《小企业投资法》和《中小企业投资法》，1979 年修订的《有限合伙法》等，这些法律都是为了完善风险资本市场的标准准则，为了快速设立风险投资体系。美国可以从政府引导的民间资本和风险中介投资机构的联合体系向专业化的、高标准要求的风险投资体系转变，这与政府的大力引导、出台的政策和法律法规分不开。

总体来说，美国本身因为资本主义市场的发展已成为世界一流的发达国家。科技金融在美国得到了良好的发展，所取效果显著。纵观所有国家或者地区的科技金融都是一步步发展起来的。当资本主义市场并不发达时，美国的资本主要依靠民间资本或者私人企业等。政府为了快速发展科技金融加快融资，通过自身引领作用，提倡各类风险高科技金融机构发展，促进民间资本和自身提倡的金融机构的联合，直到一个完整体系的形成，使资本主义市场成为市场引导者。

二、日本的经验

日本从 20 世纪 80 年代开始通过自主创新改革，通过加大对本国高新技术的发展力度和出台完善的政策制度，取得了举世瞩目的成果。由于国家出台了干预力强的政策导致日本形成了政府主导的科技金融模式。从 1963 年开始，日本资本主义市场体系中的风险投资和高新科技金融稳居前列，这是因为中小企业投资公司和 KED 的建立。与此同时，日本利用普通金融机构与政策性金融机构的利息差额为技术创新过程提供了更多资金支持，这是一种较为特殊的信贷政策。

日本科技金融发展的主要模式是政府主导型，但其整个发展过程并不是一直受到日本政府的管辖，只有在发展前期政府会对其进行约束。同样，日本与美国都针对风险投资市场的建立完善了其法律法规，如《中小企业信用保险法》和《信用保证协会法》，这些制度健全了中小企业信用担保体系，为中小企业的发展提供了基础。

在日本对于风险资本市场有一个规定，每个风险投资机构必须与另一个金融机构相结合，且风险投资机构没有自我管理权，而是它所依附的金融机构对其进行管理。一般情况下，具有较大经济能力的公司与企业、影响力较大的企业等对风险资本中介机构进行融资的资金占大比重，相比而言，来源于私人性质和家庭性质的民间资本占比较小。20世纪末，为了增加风险投资的便捷性，使退出风险投资的途径更加多样化，二板市场和场外交易市场的建立应运而生，这些市场的建立间接地增加了各个参与者对风险投资资金的融入渠道。

总之，日本资本市场体系与风险投资体系的建立与其科技金融的发展模式息息相关，而日本成熟的市场体系为技术创新能力的提高提供了发育场所。

三、国际经验的总结

第一，每个国家之间的社会情况、经济状况都不一样，在制定政策时，应结合实际情况进行分析。无论实行什么样的制度，都是有理可循，有据可依的。

第二，在科技金融发展初期，市场体系缺乏完善的管理和合理的融资机构，市场经济成员之间融资会出现很多不必要的风险。为了减少和避免这类问题，政府必须进行合理的引导和制定合适的法规政策，加快体系的完善和形成。

第三，在民间资本对投资风险中介机构进行融资过程中，必须建立适应该国家国情和社会环境的风险担保体系，这样才可以间接增加对科技金融发展的融资，使其快速发展。风险担保机构的主要作用之一就是促使风险投资者与科技创新企业或者公司之间的信息对称。

第二节　技术创新促进装备制造业发展的国际经验

一、主要国家的经验

众所周知，世界公认的装备制造业强国诸如美国、日本、德国，在装备制造业技术创新方面有许多宝贵的经验和成功的做法。尽管巨大差异存在于各国政策、体制及文化等方面，可是，趋同特点在技术创新方面的做法得到了体现。因此，分析并总结这些经验和做法对于我国装备制造业发展具有重要的借鉴意义。

（一）美国的经验

美国是当今世界装备制造业大国，自20世纪20年代以来，美国的军事制造业和轿车制造业发展遥遥领先，一度成为世界装备制造业的执牛耳者。但在20世纪70年代，美国过分强调发展第三产业而忽视了装备制造业对国民经济的保障性作用，装备制造业被视为“夕阳产业”而不受重视，美国政府在研发投入、产业扶持力度等方面明显减弱，导致其国际竞争力大大下降。直到20世纪80年代，美国政府重新认识装备制造业的重要作用，并将装备制造业列为国家关键技术前六大领域之一。同时，也改变了技术政策，第一次由政府出面组织、协调和支持产业技术的发展，成立了国家级制造科学中心和制造信息资源中心，并相继出台了促进装备制造业发展的“先进制造技术计划”和推动制造技术应用的“制造技术中心计划”。经过若干年的重振，1995 年，美国装备制造业的工业增加值为 6380 亿美元，位居世界第一[1]。“没有夕阳的产业，只有夕阳的技术”，美国利用信息技术高度的创新性、渗透性和带动性，积极改造传统装备制造业，使一些传统装备制造业呈现出知识化和高服务化的特征，广泛使用先进的制造技术。经验具体如下：

1. 以企业作为技术创新的主体

在美国的创新体系中，最重要的内容是以企业作为技术创新的主体，尤其是中小企业的技术创新能力卓越、水平较高，已成为美国技术创新的重要源泉之一。美国 2018 年研发费用为 5623.94 亿美元，位居世界第一，远远超过世界其他国家[2]。通用电气、克莱斯勒、波音、卡特彼勒等世界知名企业通过不断进行技术创新，成为世界装备制造业的领军者。企业以研发为基础，紧跟市场需要的变化开发、制造新产品。另外，企业组织管理模式高效、灵活，这大大提高了技术创新成果的转化速度。美国多数装备制造企业都配备了实验室并拥有自己的科研团队，专门从事研发工作。同时，美国政府也非常重视企业外部的科技力量作用，鼓励引进国外先进技术，积极与他国企业及科研机构开展广泛的交流协作，进行合作型、开放式的技术创新。企业基于自身的技术比较优势，不断研发创新，从而提高市场竞争力。

2. 金融支持

技术创新具有很高的风险性，因此，美国金融机构为企业技术创新提供资金支持的形式多种多样。1945 年之后，随着技术创新日益受到重视，技术创新的地位变得越来越高。美国制定颁布了一系列法律、法规，以此促进技术创新，并逐步建立了技术创新金融支持体系。通过设立专门的担

[1] 据美国的 Battelle 纪念研究所对外公布的调查数据。

[2] 据美国的 Battelle 纪念研究所对外公布的调查数据。

保机构、金融机构为企业进行技术创新提供资金支持，扩大技术创新的资金来源，鼓励民间团体、私人资本、部分养老金等进入资本市场，间接支持企业的技术创新。例如，美国国会于1958年通过了两部法律条款[1]，大大推动了美国风险投资业的发展。美国国会1982年规定，所有的联邦机构，如果研发经费超过1亿美元，都必须按法定比例资助中小企业进行技术创新研究[2]。2008年金融危机之后，美国并没有削减研发方面的投入，相反，国会公布的《2009年美国恢复和再投资法案》增加了133亿美元的科技投入。美国对具有国家战略价值的新兴产业投入了巨资，借助税收补贴等手段，利用杠杆效应撬动社会资本的投资。美国采取一系列措施，意在推动民间参与科技开发，以确保美国在装备制造业技术创新方面的优势。

3. 重视职业教育

装备制造业技术的特点是复杂性和集成性，需要大量的专业技术人才作为支撑。随着机械化大生产时期的到来，工厂和企业逐渐认识到传统的培训模式规模小、周期长，已经无法适应数量巨大的劳动力需要，于是，学校培训制应运而生，美国高等教育结构走向多样化，其中，在人才培养方面起到了“蓄水池”作用的社区学院、职业技术学院等两年制学校，对培训生产工人的技能起到了至关重要的作用。与此同时，美国的职业技术教育重点是培养生产急需的高级技术人才，如精密器械、机械制造及自动化、专用设备制造等专业工人。并且，针对市场需求，注重社会实践性，确保学以致用、学有所长。

（二）日本的经验

1963年，日本加入经济合作与发展组织。在此之前，日本政府有严

[1]《中小企业投资法》和《国内所得法》。

[2] 详见《小企业创新发展法》。

格的审查标准，技术引进合同金额达到三万美元以上的项目，需要进行各种审查[1]。随着日本产业竞争能力的逐渐增强，日本政府对技术引进的限制条件逐步放宽。日本于1968年制定的《关于引进技术自由化法》中规定，除原子能、飞机等重要技术需要个别审批之外，一般技术实行引进自由化。20世纪80年代，日本成为世界上工业机器人的主要供应商，而且在半导体工业、集成电路领域具有绝对优势，超过美国成为世界上最大的集成电路生产国。1983年，日本《通商白皮书》统计的159项关键技术中，日本同时领先于美国、西欧的有39项，落后的有16项。进入21世纪之后，为了在新兴装备制造业领域赶超美国，日本加大了对通信器材、电子零部件等机械器具制造产业，以及软件等信息服务产业的扶持力度，并且用高新技术改造电气设备和交通运输等传统装备制造业，使日本的电气机械和交通运输等装备制造业具有较高的知识性和智能性。具体经验如下：

1. 坚持高标准的技术引进

为确保引进最为先进的技术，需主管省厅对引进技术的价值和发展前景进行严格审查，同时还需金融机构对引进技术企业的财务状况进行严格审查，两项审查符合要求才允许引进该项技术。例如，在20世纪50年代到60年代，乙烯生产设备是引进的大热门，在30万吨乙烯生产设备刚刚问世之际，马上就终止了对20万吨乙烯生产设备的引进，从而避免了低效投资。

2. 杜绝技术的重复引进

技术重复引进会引起同行业之间的过度竞争，并造成资金的巨大浪费。为了防止这种情况出现，日本政府采取在行业中设立技术引进窗口企业等措施。例如，确定日本钢管为氧吹炼钢技术引进的窗口企业，在日本

[1] 主要包括：防止垄断性地引进普及性较强的技术，防止引进妨碍本国技术发展和产业化的技术等。

钢管引进该技术之后，其他企业可以分享此技术，从而节约了大量引进资金，也避免了同行业的过度竞争。另外，一旦本国掌握了某项技术的研发能力，就坚决不再进口该项技术。

3. 技术引进重于设备引进

相对于设备和工具的进口，日本更重视对技术的引进，包括专利使用权、图案设计等。据统计，日本在 1955 ～ 1975 年，仅用 60 亿美元就引进了欧美等国花费 2000 亿美元研发的技术。同时，还投资 500 亿美元对引进技术实行消化吸收和再创新[1]。20 世纪 70 年代到 80 年代，日本实施的战略是“专利回输”，即在对欧美先进技术的引进、消化和吸收基础上，鼓励开展技术的再创新和二次开发，待技术成熟之后，再将专利技术或新产品回输给欧美国家。20 世纪 90 年代，日本政府实施的战略是促进原创技术申请专利，并逐步加大对基础性研究的投入比重。

4. 注重技术引进后的再创新

日本最擅长把来自各国的不同技术加以集成创新，形成本国自身的技术体系，力争达到世界先进水平。例如，将分别来自奥地利、美国、德国、瑞士等国的钢铁技术、热轧技术、冷轧技术等，相互融合形成了本国先进的整套钢铁技术。日本政府于 1950 年颁布的《外资法》中，鼓励企业引进吸收自身发展所需要的国外先进技术，并注重国内科研力量对引进的技术加以消化。为了进一步推动本国企业实施引进国外先进技术的 3 年计划和 5 年计划，日本政府于 1952 年颁布的《企业合理化促进法》中明确提出重点引进基础工业的技术和装备，如钢铁、造船、电力、化肥等。

---

[1] 刘湘丽 . 日本的技术创新机制 [M]. 北京：经济管理出版社，2011.

5. 实行技术创新风险补贴

日本对于风险大，单靠民间力量难以取得进展的技术研发，实行政府补贴。每年拨出预算资金，用于支持工业技术中心的研发、中小企业的研发、区域产业技术改善等。并且，鼓励跨行业技术交流，建立区域间研发信息系统，设立技术交流平台等，促进技术的产业化。20 世纪 80 年代以来，日本坚持实施发展战略是“科技立国”，与美、英、法、德等发达国家相比而言，其科技投入比重最高。

（三）德国的经验

德国是位居美国、日本之后的世界第三大装备制造业强国，是高度发达的欧洲头号经济强国。其中，在装备制造业中处于核心地位的机器和设备制造业是德国就业人数最多、销售额位居各工业部门第二的四大工业支柱产业之一。20 世纪 70 年代以来，德国装备制造业高速发展带动了机器和设备制造业的快速发展。与美国和日本在装备制造业具有领先优势的保障相同，德国拥有众多的专利技术，这些与德国长期参与研发领域的国际竞争密不可分，其技术创新的实力来自于庞大的工程师队伍和巨大的研发投入。与此同时，德国尤其重视对技术工人的培养，新工人需经过严格的培训、考核，合格后才能上岗。在生产过程中坚持师徒的技艺传承，在高度自动化生产的今天，德国仍强调人的重要性，高素质的人真正发挥创造性并起决定性作用。具体经验如下：

1. 加强产学研结合

20 世纪 80 年代，由于劳动成本高、公司治理结构缺陷以及企业太重视技术层面而忽视了用户偏好等原因，德国的装备制造业逐渐失去了竞争力。面对这一困境，德国政府积极扮演倡议者和催化剂的角色，充分发挥企业主体地位，加强了产学研之间的对话渠道。德国于 1995 年出台的《制造技术 2000 年框架方案》，确定了关系到 21 世纪德国制造业发展的六大研究重点。依据此框架方案，德国政府在 1995 ～ 1999 年投入 4.5 亿马克对中小企业技术研发予以资助，研发的重点是机床结构优化技术、微切削加工技术等七个方面。与此同时，积极鼓励人员交流，公共研究机构和企业之间进行技术合作、技术转移的有效途径就是人员交流。联邦教育科研部采取一些措施支持学生和学术机构研究人员之间展开广泛的交流，例如，开设与国际接轨的课程等。除这些方法之外，联邦政府还支持将交流的范围变得更广阔，鼓励公共研究机构和产业界开展交流，让研发人员深入产业界以获得第一手资料。

2. 制定扶持政策

德国政府对地方政府制定的政绩考评标准中，重要考评指标是能否营造创新环境。德国政府支持开展技术创新的具体方法是实施重大项目及制定发展规划。并且，积极发挥科技中介服务机构及产业协会的辅助功能。德国还逐年增加政府财政对科技的资金投入，以此加大对研发的鼓励力度，设立专项资金补助和减税等措施，大力支持企业积极开展技术创新。进入 21 世纪以后，政府高度重视对风险投资的激励和保护，制定了专门的政策法规，例如，《德国金融市场促进法》中规定，对新一轮风险投资的股权转让收益免征税，对风险投资公司免征工商税等。

3. 鼓励中小企业开展技术创新

为协助中小企业解决资金、设备、成果转化及人员培训等方面的难题，德国政府设立专门机构处理中小企业的各种事务，并通过制定一系列的法规法则、政策条款，创造良好的外部环境以利于中小企业更好地开展技术创新。德国政府出台的相关法案[1]，给中小企业技术创新给予资金上的补助，帮助中小企业开展员工培训，在一定程度上减少了中小企业技术创新的压力。另外，政府还成立科技成果转让机构，使大学和研究机构的

[1] 例如，《联邦政府关于中小企业研究与技术政策总方案》和《中小企业技术研究与研制工作基本设想》。

科研成果迅速转化为生产力。在财政资金上积极扶持中小企业技术创新。为中小企业减税，联邦经济和技术部设立“小型技术企业参与基金”，与此同时，德国还建立了160多个技术研究协会，鼓励中小企业和科研机构共同承担研究项目，共享研究成果。在银行贷款上大力扶持中小企业发展，为中小企业提供信息咨询服务，并通过出口补贴、减免关税等措施引导中小企业产品出口。

二、国际经验对我国的启示

以上，笔者总结了美国、日本、德国在装备制造业技术创新方面的宝贵经验，下面分析这些经验对中国装备制造业发展的重要意义和启示作用。

第一，政府加大支持力度。装备制造业技术创新的重要保证是政府支持。纵观装备制造业强国的发展历程，政府都为其提供了强有力的扶持，具体包括资金投入、税收减免、政府采购、技术引进、知识产权保护等多方面。而且在装备制造业发展的不同阶段，政府扶持的侧重点也不尽相同。

第二，进一步加强企业在技术创新中的主体地位。企业的技术创新活动是产业发展的基础，应重视培育大型品牌企业，这些企业从事尖端产品的技术研发、进行重大工程建设，以增强企业自身的技术创新能力，促进本国装备制造业发展。应建立以市场为导向、企业为主体、产学研相结合的技术创新体系。同时，技术创新体系是产学研各个不同创新主体之间联系及互动的必然结果。

第三，加强对国外先进技术的引进、消化、吸收和再创新。装备制造业强国的成功经验告诉我们：必须对引进的先进技术进行消化、吸收和再创新，才能切实提高本国的技术创新能力。国外先进技术的引进虽然在起步阶段对一国装备制造业技术发展水平及产业结构调整具有显著的推动性作用，但是，不能以此认为技术引进可以代替本国自主技术创新成为技术进步的主要依靠力量。只有在本国国情基础上，通过自主技术创新活动，才能够使国外引进技术符合本国的资源和市场条件，从而更好地发挥引进技术的正向技术溢出效应。

第四，专业技术人才和高科技人才是装备制造业发展的有力支撑。要充分利用除职业教育以外的其他教育形式，如工业管理学院、地区职业学校、非正规成人高职课程以及合作教育机构等。各种职业技术培训都立足于生产实践，强调理论联系实际，各个培训环节都专注于培养动手能力，最终目的是培养出优秀技术型人才以发展装备制造业。

三、技术创新促进装备制造业发展的作用机制

衡量一个国家综合国力的重要标志是该国装备制造业发展水平。装备制造业是加速工业化发展阶段的主导性产业，是国民经济发展的重要战略性产业。现今阶段，一方面，中国国内的众多基础设施建设、国家重点工程建设以及各行各业转型，都需要装备制造业提供技术支持和设备工具。另一方面，世界经济发展的新格局、新形势和新变化，为我国装备制造业发展提供了广阔的市场。所以，我国装备制造业发展，既要为满足长期的市场竞争和自身需求做好技术储备工作，又要在短期内通过技术创新扩充实力。

（一）技术创新改善生产要素促进装备制造业发展

装备制造业是建立在先进技术和持续创新基础上的产业部门，是交叉了众多学科的综合性产业，因此，装备制造业对知识和技术的要求更高，需要得到支撑的范围更广。简约而又直观地说明技术创新对促进装备制造业发展的重大作用，如图 4-1 所示，下面逐一展开说明。

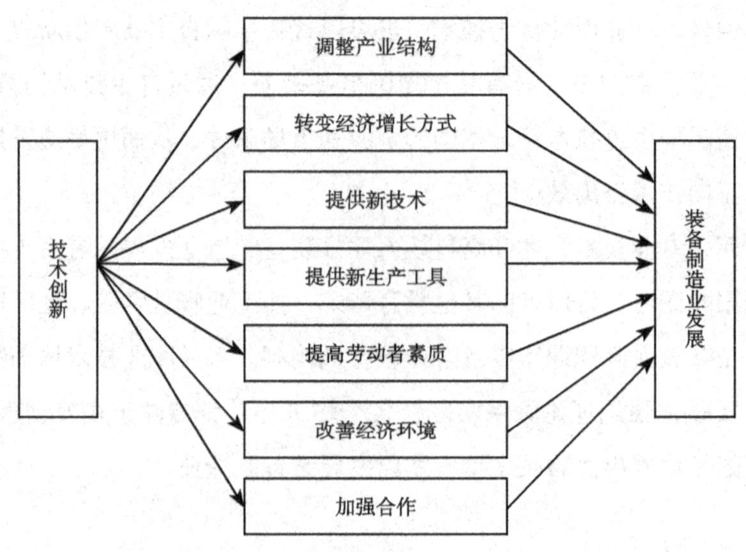

图4-1 技术创新促进装备制造业发展

1. 技术创新调整了装备制造业结构

技术创新促进了装备制造业结构调整和产业升级，并且还能够带动相关产业的迅速发展，改变目前“量大但质不优”的现状，淘汰或升级一些能耗高、技术含量低、市场前景差的生产工艺及产品。同时，装备制造业为其他产业提供装备产品，将各种技术发明应用于生产工具的改造中，为其他产业提供具有高新技术的设备，其技术水平决定了其他产业的技术水平，其技术含量深深影响着上下游产业的技术容纳量。因此，大力发展具有自主知识产权的高端技术和核心技术，既能提高装备制造业的竞争力，又能促进产业的结构调整和产业升级。

2. 技术创新转变了装备制造业经济增长方式

技术创新是我国装备制造业转变经济增长方式的重要手段。中华人民共和国成立之初，装备制造业发展的模式是依靠投资拉动和要素支撑，这种发展方式在装备制造业的起步阶段发挥了一定作用。但是，从经济全球化的视角出发，我国装备制造业依靠低附加值加工制造取得国际分工、以廉价商品占据国际市场取得贸易总量增长的方式，很难适应急剧变化的国际市场，装备制造业的国际竞争力提高，主要取决于技术创新能力。技术创新是刺激经济进步的积极因素，是我国装备制造业转变发展方式的主要手段和根本动力。

3. 技术创新为装备制造业提供了新技术

技术创新有助于装备制造业持续获得新技术。发达国家装备制造业投入了大量的人力、物力、财力进行自主研发活动，所以能迅速、高效地推出新产品，占据高端产品和核心技术的领导地位。根据发达国家的经验：在确定了某一产业的技术发展思路之后，应集中优势力量用于新技术的研发。由此可见，技术创新要求中国装备制造企业必须拥有专门的实验室以及自己的科研团队。同时，还应该鼓励建立“产学研”式的技术创新联盟，为企业研发提供技术支持。这样才能提高技术的引进、吸收、消化和再创新能力，源源不断地为装备制造业发展注入新鲜血液。

4. 技术创新为装备制造业提供了新生产工具

技术创新为装备制造业提供了新的生产工具和生产方法，改变了生产要素配置方式。技术创新大幅提高了生产工具的使用效能，使人力资源和物力资源的使用效率发挥到最大，以降低生产成本，使传统装备制造业得到改造。以往，生产要素在装备制造业各个行业之间的配置不均匀，当某行业通过技术创新带来新需求时，生产要素就会向该行业流入，引起不同行业之间的劳动生产效率发生相对变化，进而促进该行业的发展。同时，也进一步促进装备制造业的技术提升和产业升级。

5. 技术创新提高了劳动者的素质

新技术研发、使用及推广的各个环节都离不开高素质人才。因此，提高劳动者素质是装备制造业产业发展的重要保证，高素质的劳动者是科技成果向现实生产力转化的桥梁和纽带。作为影响装备制造业结构升级最为深刻的新技术，第一要务就是改变装备制造业中各行业的技术结构和生产工艺，使各行业的技术、知识、管理、人员素质等因素重新组合，拥有专业知识、技术和管理经验的劳动者越来越多，进而促进装备制造业的整体发展。

6. 技术创新改善了经济环境

经济环境不仅指金融环境和经济实力，还包括政府管理、基础设施、国际化程度等方面。经济环境对基础制造业、科研机构、交通及对信息传输等方面发挥着巨大的支持作用。经济实力的提高可以为基础设施建设打下坚实基础。并且，经济实力的提高也会推动金融体系深化改革，从而优化金融环境。政府管理的有序性，增进了其他产业对装备制造业的支持，提高了社会资的有效利用率，也在一定程度上促进了经济实力的提高。总之，良好经济环境的巨大作用在于通过优化金融环境，构建了良好的资本市场桥梁。同时，完善的金融市场为企业研发创新、市场开拓提供了必要的资金支持。这些因素共同作用，大大促进了装备制造业发展。这种互相促进、共同目标的带动效果是一个动态过程，是互惠互利、相辅相成的过程，装备制造业发展取决于所有因素加总的效果。

7. 技术创新加强了合作

技术创新鼓励区域之间、产业之间加强合作。对于经济实力不同的区域而言，各区域装备制造业及产业内各行业整体实力相似的可能性非常小，并且，这种实力本身与技术创新之间有高度的相关性。一般情况下，经济实力高的区域或产业，会在产业链中占有更大优势，原因是其产业内及产业之间具有完备的协作网络，集聚在协作网络内的企业可以在产业层次上培育区域化经济，进而通过知识溢出或信息共享等形式进行外部整合，使各个产业的技术创新发生同化作用，降低实际生产成本。同时，随着区域经济实力的增强，空间集聚效应也开始发挥作用，从购进生产原料到生产加工再到产品销售，整个流程更加顺畅。从企业角度来说，选择在经济实力和产业实力均较强的区域进行生产，可以节约成本且增加收益；从消费者角度来说，经济实力强的区域能够以更低的实际价格水平享受更多样化的产品；从区域角度来说，生产者之间、生产者与消费者之间的相互吸引使得该区域获得更大的发展力。因此，区域之间、产业之间的横向与纵向整合，可以最大限度地发挥区域内各产业的协同作用，利用范围经济优势，实现优势互补、共赢的局面。

总之，技术创新是推动我国装备制造业快速、优质发展的必然选择。我国装备制造业应从意识上给予技术创新足够的重视，与时俱进地转变技术创新方式，不断提高技术创新效率，从而增强产业的市场竞争力。

（二）装备制造业发展引起更高层次的技术创新

21 世纪，科学技术的进步可谓是日新月异，先进的科学技术应用于生产实践中，会产生巨大的经济效益和社会效益。但是，如何将先进的科学技术从理论知识转化为现实的高效率生产工具，这一过程需要装备制造业来实现。回顾 20 世纪，空间技术、核技术、信息技术等高新技术都是通过装备制造业创造出来，使人类社会的生产方式、生活方式乃至思维方式发生了深刻改变。

一个国家装备制造业的发展水平，在一定程度上反映了该国其他产业的科技含量、产业竞争力、经济效益以及发展速度。如前所述，美国正在积极重塑世界制造业霸主地位，日本正在建设号称技术最尖端的研发和生产基地，德国正在努力跻身世界先进制造技术强国行列。因此，要想在一些领域中率先取得突破，我们必须时刻关注国际先进制造与自动化技术前沿，大力推进技术创新，这样才能在新一轮国际竞争中拥有先发优势。大力发展装备制造业，为传统产业提供先进的设备，促进其技术改造和产业升级，抑制产能过剩、淘汰落后、优化布局，为调整和振兴装备制造业提供强有力的支撑。

根据中国国情，我们不可能完全照搬发达国家的模式，像他们那样从头开始展开全面性、基础性研发。因此，如何开展具有中国特色的技术创新，以及选择什么方式开展技术创新，是目前亟须解决的实际问题。

概括地讲，众多新技术都源于装备制造业，同时，也在装备制造业应用得最为充分、最为完整。理论界普遍认为，技术创新依赖于产业规模、所有制结构、研发投入、组织结构与管理水平以及劳动者素质等因素，应该通过这些因素的提高或改善，进一步促进技术创新。而这些因素的改善，又以装备制造业的快速、高效发展为前提，如图4-2所示。

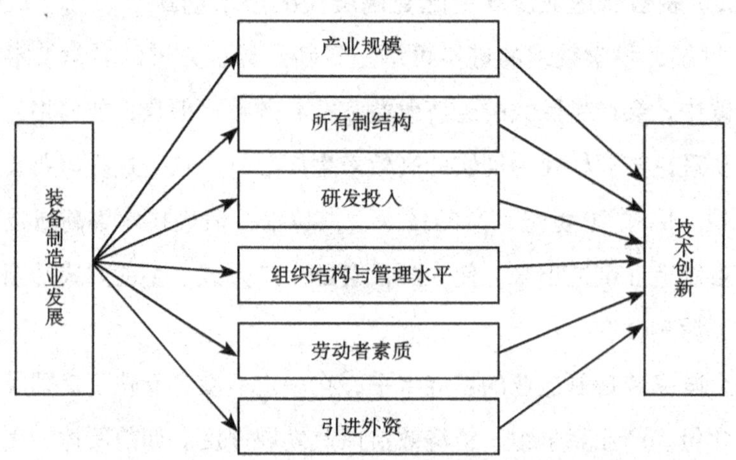

图4-2　装备制造业发展促进技术创新的路径

由图4-2可见，先进的装备制造业，既是高新技术的载体，又是新技术的展示舞台，还是新技术转化为生产力的桥梁和媒介。相对于其他产业而言，装备制造业在产业规模、所有制结构、研发资本投入和研发人员投入、组织结构与管理水平、劳动者素质及引进外资等方面，都具有先天的优势。在规模效应方面，依靠市场力量带动装备制造业规模不断扩大，以规模效应促进技术创新。所以，技术创新促进了装备制造业发展，装备制造业发展之后，又反过来引起更高层次的技术创新，二者形成一个良性互动循环，如图 4-3 所示。

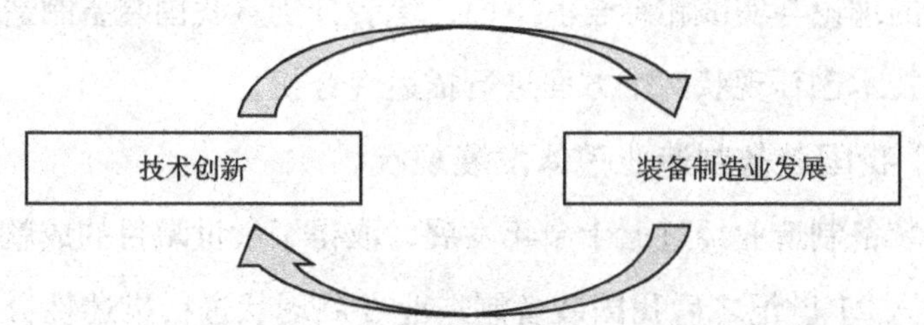

图4-3　技术创新与装备制造业发展互相促进

图 4-3 清楚地表明技术创新和装备制造业二者相互作用的良性循环、互动发展运行机制。在每一次循环中，技术创新和装备制造业都得到新的提升。同时，使处于二者之间的各种外部环境和支持因素的规模及质量也得到了进一步改善。下一次循环将在更高的水平上展开，作用效果也不断地被放大，这种良性互动将使装备制造业保持快速、持续的发展。

第三节　我国装备制造业技术创新现状与机遇

一、我国装备制造业技术创新现状

进入 21 世纪以来，世界各大装备制造业强国都不约而同地走上技术创新的发展道路，科技发展的热点和重点逐步转向先进制造技术领域。同时，各国纷纷调整其技术政策、产业政策，从国家目标的高度出发，制订先进制造技术发展计划，振兴、提升装备制造业产业的国际竞争力。面对世界各国都在重视和发展装备制造业，中国不甘示弱、齐头并进，积极将技术创新的理论与实践相结合。下面，笔者分别从我国装备制造业整体发展现状和技术创新现状两个方面进行描述性分析。

（一）我国装备制造业整体发展现状

我国装备制造业经过七十余年发展，取得了举世瞩目的成就。本部分主要对进入 21 世纪之后我国装备制造业发展现状进行描述性分析，用具体数字指标展示现状。

1. 装备制造业支撑经济快速增长

2003 ～ 2016 年，我国装备制造业整体规模迅速增长。该产业总企业数量从 6781 个增加到 105788 个，工业总产值由 45258.86 亿元增加到 281592.74 亿元，其增幅远远高于同期 GDP 的增长速度。新产品产值由 10772.89 亿元增加到 82178.90 亿元。与此同时，装备制造业出口成为拉动中国外贸出口及经济持续增长的重要力量。从长期发展趋势来看，我国装备制造业的出口导向型特点在近年来发展过程中进一步显现，出口交货值与当年总产值的比值（即出口比例）从 2003 年以来一直保持在 24% 以上，这说明我国装备制造业总产值的四分之一以上用于国际出口贸易。具体内容如表 4–1 所示。

表4–1　我国装备制造业主要经济指标

时间（年）	企业数（个）	总产值（亿元）	新产品产值（亿元）	出口交货值（亿元）	出口比例（%）
2003	6781	45258.86	10772.89	11919.02	26.34
2004	73151	63869.94	14067.40	19796.63	31.00
2005	79592	81411.37	16684.50	25976.97	31.91
2006	92888	86880.65	21224.93	34105.80	39.26

续表

时间（年）	企业数（个）	总产值（亿元）	新产品产值（亿元）	出口交货值（亿元）	出口比例（%）
2007	102807	111359.18	27660.70	43289.30	38.87
2008	139033	135672.93	32993.11	40972.87	30.20
2009	94042	144253.16	38482.50	36421.82	25.25
2010	101567	184923.22	48315.66	45991.72	24.87
2011	82671	226169.31	61818.56	54270.60	24.00
2012	93801	190592.81	50836.73	67170.70	35.24
2013	101895	209780.69	60156.09	70444.90	33.58
2014	105019	240265.38	67330.99	73039.07	30.40
2015	106851	258014.22	73138.51	72313.10	28.03
2016	105788	281592.74	82178.90	73525.59	26.11

资料来源：根据《中国工业经济年鉴》《中国统计年鉴》及“中国经济与社会发展统计数据库”等相关资源整理。

2. 装备制造业国际竞争力逐步提升

2003 ～ 2016 年，中国规模以上工业出口交货值从 26941.75 亿元增加至 117842.74 亿元，装备制造业出口交货值在中国规模以上工业出口交货值中所占的比例由 2003 年的 44.24% 上升至 2016 年的 62.39%。与此同时，装备制造业出口交货值在中国出口总额中所占的比例由 2003 年的 32.85% 上升至 2016 年的 53.12%，具体内容如表 4-2 所示。这些比值的增长说明近年来我国装备制造业的国际竞争力呈现出逐步提升的态势，装备制造业的出口逐渐成为拉动中国外贸持续增长的重要力量。

表4–2　我国装备制造业出口指标

时间（年）	装备制造业出口交货值（亿元）	规模以上工业出口交货值（亿元）	出口总额（亿元）	装备制造业出口交货值／规模以上工业出口交货值（%）	装备制造业出口交货值／出口总额（%）
2003	11919.02	26941.75	36287.90	44.24	32.85
2004	19796.63	40484.17	49103.30	48.89	40.32
2005	25976.97	47741.19	62648.10	54.41	41.46
2006	34105.80	60559.65	77597.20	56.32	43.95
2007	43289.30	73393.39	93563.60	58.98	46.27
2008	40972.87	82498.38	100394.94	49.67	40.81
2009	36421.82	72051.75	82029.69	50.55	44.40
2010	45991.72	89910.12	107022.84	51.15	42.97
2011	54270.60	99612.37	123240.60	54.48	44.04
2012	67170.70	106610.16	129359.3	63.01	51.93
2013	70444.90	112824.03	137131.4	62.44	51.37
2014	73039.07	118414.25	143883.8	61.68	50.76
2015	72313.10	116013.09	141166.8	62.33	51.23
2016	73525.59	117842.74	138419.3	62.39	53.12

资料来源：根据《中国工业经济年鉴》《中国统计年鉴》及“中国经济与社会发展统计数据库”等相关资源整理。

3. 装备制造业行业集中的特点逐步显现

从装备制造业的行业分布来看，装备制造业主要集中在两个行业，分别是交通运输设备制造业和通信设备、计算机及其他电子设备制造业。2018 年，这两个行业的总产值之和达到 118011.7 亿元，占当年装备制造业总产值的比例为 38.52%，并且，近年来这一比例始终保持在 50% 左右。由此可见，这两个行业是我国装备制造业中的主导性行业、支柱性行业。具体内容如表 4–3 所示。

表4-3　我国装备制造业各行业总产值（亿元）

时间（年）	金属制品业	通用设备制造业	专用设备制造业	交通运输设备制造业	电气机械及器材制造业	通信设备、计算机及其他电子设备制造业	仪器仪表及文化、办公用机械制造业
2003	3277.63	5711.21	3389.72	10858.61	7333.45	13615.39	1072.85
2004	4493.24	8523.89	4848.62	13795.51	11233.34	19575.50	1399.84
2005	5713.90	10610.37	5739.81	15714.86	13901.29	26994.38	2736.76
2006	2245.24	13734.76	6456.03	16452.31	11581.18	33077.58	3333.55
2007	3216.39	18415.52	8769.79	21782.80	15712.27	39223.77	4238.64
2008	3985.62	24687.56	12219.36	25533.90	20518.74	43902.82	4824.93
2009	3809.38	27361.52	14182.25	31939.60	23058.31	38925.32	4976.78
2010	5176.12	35132.74	18382.63	43397.61	29703.18	46863.58	6267.36
2011	5965.71	40992.55	22526.65	49558.13	35868.40	63813.71	7444.16
2012	19410.90	31493.59	26403.52	18694.57	42317.44	46427.82	5844.97
2013	21390.04	35102.96	29609.08	20025.59	46375.08	50768.81	6509.13
2014	26013.06	39798.84	33724.19	21112.58	52333.16	59973.73	7309.82
2015	25889.81	41842.85	35455.17	22416.91	57153.76	67231.29	8024.43
2016	26725.62	43335.59	36841.47	23662.54	63139.09	79055.49	8832.94
2017	26898.52	42431.84	39826.82	23233.84	66878.24	88837.09	9846.22
2018	27657.0	42169.5	39752.7	16398.5	68960.7	101613.2	9833.0

资料来源：根据《中国工业经济年鉴》《中国统计年鉴》及“中国经济与社会发展统计数据库”等相关资源整理。

4. 外资企业在装备制造业对外贸易中占主导地位

在装备制造业出口企业构成中，外资企业出口交货值占装备制造业出口交货值的比例，如表 4-4 所示。这说明，外资企业在装备制造业对外贸易中所占比例相对较大，外资企业占据着装备制造业市场的主导力量。

表4-4　外资企业装备制造产品出口交货值及比例

时间（年）	外资企业出口交货值（亿元）	装备制造业出口交货值（亿元）	外资企业出口交货值比例（%）
2009	22552.20	36421.82	61.92
2010	28502.26	45991.72	61.97
2011	34741.04	54270.60	64.01
2012	53308.48	67170.70	79.36
2013	55399.53	70444.90	78.64
2014	55466.82	73039.07	75.94
2015	52819.96	72313.10	73.04
2016	51404.12	73525.59	69.91

资料来源：根据《中国工业经济年鉴》《中国统计年鉴》及“中国经济与社会发展统计数据库”等相关资源整理。

具体到装备制造业各行业，如表 4-5 ～表 4-7 所示，2009 ～ 2016 年，我国装备制造业各行业外资企业出口交货值所占比例稳中有升，如前所述，交通运输设备制造业和通信设备、计算机及其他电子设备制造业是我国装备制造业中的主导性行业、支柱性行业，这两个行业的产值比例相对较大，出口交货值占总出口交货值的比重也较大。

表4-5　我国装备制造业各行业出口交货值（亿元）

时间（年）	金属制品业	通用设备制造业	专用设备制造业	交通运输设备制造业	电气机械及器材制造业	通信设备、计算机及其他电子设备制造业	仪器仪表及文化、办公用机械制造业
2009	2155.90	2736.25	961.51	1695.17	3158.55	25784.04	1618.41
2010	2801.80	3286.23	1260.71	2417.89	4327.68	31883.69	1957.61
2011	3258.50	3832.80	1503.46	2911.29	5422.77	37485.57	2104.63
2012	3299.91	4782.09	2826.75	3636.69	9125.03	42454.71	1045.52

续表

时间（年）	金属制品业	通用设备制造业	专用设备制造业	交通运输设备制造业	电气机械及器材制造业	通信设备、计算机及其他电子设备制造业	仪器仪表及文化、办公用机械制造业
2013	3589.29	4969.76	2994.31	3443.22	9376.47	44915.73	1156.12
2014	3836.83	5173.75	3228.73	3511.07	9883.03	46165.14	1240.52
2015	3691.84	4908.56	2930.95	3627.33	9915.79	45899.68	1338.95
2016	3630.42	4930.98	3024.39	3408.04	10092.24	47081.32	1358.20

资料来源：根据《中国工业经济年鉴》《中国统计年鉴》及“中国经济与社会发展统计数据库”等相关资源整理。

表4-6　我国装备制造业各行业外资企业出口交货值（亿元）

时间（年）	金属制品业	通用设备制造业	专用设备制造业	交通运输设备制造业	电气机械及器材制造业	通信设备、计算机及其他电子设备制造业	仪器仪表及文化、办公用机械制造业
2009	389.32	686.93	353.83	1483.43	2188.89	16537.57	912.23
2010	651.58	945.69	513.70	1799.96	2858.45	20641.77	1091.10
2011	1037.22	1668.18	978.04	2420.06	3909.65	23489.14	1238.75
2012	1929.61	3285.88	1732.67	1411.78	5737.35	38447.09	764.10
2013	1992.57	3316.50	1785.54	1402.85	5842.25	40210.67	849.15
2014	2173.23	3418.43	1923.92	1504.89	5928.80	39630.18	887.37
2015	2002.01	3147.04	1587.90	1373.99	5628.30	38150.88	929.84
2016	1925.11	2997.51	1580.81	1207.36	5519.66	37226.54	947.13

资料来源：根据《中国工业经济年鉴》《中国统计年鉴》及“中国经济与社会发展统计数据库”等相关资源整理。

表4-7 我国装备制造业各行业外资企业出口交货值所占比例（%）

时间（年）	金属制品业	通用设备制造业	专用设备制造业	交通运输设备制造业	电气机械及器材制造业	通信设备、计算机及其他电子设备制造业	仪器仪表及文化、办公用机械制造业
2009	18.06	25.10	36.80	87.51	69.30	64.14	56.37
2010	23.26	28.78	40.75	74.44	66.05	64.74	55.74
2011	31.83	43.52	65.05	83.13	72.10	62.66	58.86
2012	58.47	68.71	61.30	38.82	62.87	90.56	73.08
2013	55.51	66.73	59.63	40.74	62.31	89.52	73.45
2014	56.64	66.07	59.59	42.86	59.99	85.84	71.53
2015	54.23	64.11	54.18	37.88	56.76	83.12	69.45
2016	53.03	60.79	52.27	35.43	54.69	79.07	69.73

资料来源：根据《中国工业经济年鉴》《中国统计年鉴》及“中国经济与社会发展统计数据库”等相关资源整理。

基于以上对我国装备制造业整体发展现状的分析，可以发现，我国装备制造业规模和总量的发展水平呈逐年上升态势，但整体产业技术水平、自有技术水平相对较低。目前，该产业整体上仍处于国际产业链的中下游，产品附加值相对较低。想要增强该产业的国际竞争力，进一步提升我国装备制造业在国际分工中的层次及产品附加值，必须加强该产业技术创新投入、增强研发力度，以技术创新促进我国装备制造业的整体发展。

（二）我国装备制造业技术创新现状

1. 投入现状

技术创新投入主要包含两部分，分别是技术创新经费投入和技术创新人员投入。近些年，我国装备制造业的 *R&D* 经费和人员投入，如表 4-8 和表 4-9 所示，由此可以看出，我国装备制造业各个行业，无论是 *R&D* 经费，还是 *R&D* 人员，都呈逐年上升的趋势，这说明我国装备制造业整体的技术创新投入在逐年增加。

表4-8　我国装备制造业*R&D*经费（万元）

时间(年)	金属制品业	通用设备制造业	专用设备制造业	交通运输设备制造业	电气机械及器材制造业	通信设备、计算机及其他电子设备制造业	仪器仪表及文化、办公用机械制造业
2000	24163	208086	187053	422877	297886	798181	43826
2001	38834	238965	199312	611882	386837	1158370	53229
2002	32538	279643	248883	780941	598340	1356783	69243
2003	70787	428689	317356	956528	744867	1635397	85894
2004	83989	509239	346521	1274728	934264	2262135	125810
2005	154393	688160	551519	1737121	1180591	2766722	165441
2006	209652	1034914	759041	2239728	1669087	3483945	187741
2007	319334	1375979	1093874	3012684	2138015	4041328	290926
2008	434427	1755960	1455731	3728515	2751807	4808652	378580
2009	461071	2099680	1978241	4599870	3296018	5496059	485201
2010	618559	2373243	2348941	5821997	4250969	6862561	573806
2011	668365	2603816	1987035	5517743	4603271	7677077	693593
2012	1874425	4746047	4249367	3427512	7041558	10646938	1237248
2013	2300165	5478932	5123164	3720932	8153895	12525008	1492889
2014	2512352	6206000	5408743	4261468	9228515	13925133	1690342
2015	2826593	6326467	5671573	4358980	10127297	16116757	1809272
2016	3263459	6657263	5771278	4596331	11023817	18109750	1857045
2017	3431676	6968194	6369444	4288296	12423807	20027613	2102352
2018	3893723	7356003	7257638	4008146	13201357	22799013	2232177

资料来源：根据《中国工业经济年鉴》《中国统计年鉴》及“中国经济与社会发展统计数据库”等相关资源整理。

表4-9 我国装备制造业*R&D*人员（人）

时间(年)	金属制品业	通用设备制造业	专用设备制造业	交通运输设备制造业	电气机械及器材制造业	通信设备、计算机及其他电子设备制造业	仪器仪表及文化、办公用机械制造业
2000	4786	46760	41385	88622	31828	58227	12306
2001	5052	45124	37665	93550	33810	68207	14843
2002	5353	44870	38565	95524	46492	68964	12185
2003	9041	52733	41629	93079	51213	90932	11411
2004	7377	50373	34276	92432	47681	101593	12894
2005	11288	55790	44886	102540	53438	122595	15065
2006	12366	65538	51288	116573	77767	144349	15431
2007	15979	78697	62365	138537	89500	194414	20970
2008	22890	89556	77081	150242	107523	220428	27003
2009	30845	114815	94145	175899	145932	255641	32269
2010	34957	129114	109118	218860	176333	313912	38920
2011	57959	206404	188022	286920	265703	376172	75784
2012	65665	173046	156516	95050	225983	380497	59411
2013	79315	191916	178461	105869	255835	390977	69174
2014	85223	213178	173745	107562	274936	411861	72992
2015	88580	205657	170104	110478	270363	426583	67662
2016	94759	208614	174306	102121	279364	430794	69474
2017	97733	199775	177067	95677	285025	457960	68735
2018	117850	218175	194430	89290	306281	552618	70486

资料来源：根据《中国工业经济年鉴》《中国统计年鉴》及“中国经济与社会发展统计数据库”等相关资源整理。

除*R&D*经费和*R&D*人员投入外，*R&D*强度，即*R&D*经费占工业增加值比重是衡量技术创新投入水平的重要指标。如表4-10所示，2000～2018年，我国装备制造业*R&D*强度仅为1%～2%，远远低于国际平均水平。我国装备制造业*R&D*强度低于国际平均水平的原因主要有两点：第一，统计口径，中国 *R&D* 投入的统计口径为大中型企业，而中小型企业 *R&D* 投入数值没有被纳入统计范围，造成 *R&D* 强度值相对偏小。第二，众多外商控股企业只将中国作为其生产基地，而非研发基地，故 *R&D* 投入甚少，造成 *R&D* 强度值与其他国家相比差距较大。

表4-10　我国装备制造业*R&D*强度

时间（年）	中国装备制造业 *R&D* 经费（亿元）	中国工业增加值（亿元）	比例（%）
2000	198.2	40258.8	0.49
2001	268.7	43854.3	0.61
2002	336.6	47774.9	0.70
2003	424.0	54945.5	0.77
2004	553.7	65210.0	0.85
2005	724.4	77230.8	0.94
2006	958.4	91310.9	1.05
2007	1227.2	110534.9	1.11
2008	1531.4	130260.2	1.17
2009	1841.6	135239.9	1.36
2010	2285.0	160722.2	1.42
2011	2375.1	188470.2	1.26
2012	3322.3	208901.4	1.59
2013	3879.5	222333.2	1.74
2014	4323.3	233197.4	1.85
2015	4723.7	234968.9	2.01
2016	5127.9	245406.4	2.09
2017	5561.1	275119.3	2.02
2018	6074.8	305160.5	1.99

资料来源：根据《中国工业经济年鉴》《中国统计年鉴》及“中国经济与社会发展统计数据库”等相关资源整理。

2. 产出现状

衡量技术创新产出的指标有很多，用专利作为衡量技术创新产出的度量指标最为常见。20 世纪 70 年代至 20 世纪末，采用专利作为衡量创新产出水平的方法得到了广泛应用。专利代表了新技术异质性的度量，提供了不同技术阶段的详细数据。所以，专利作为衡量技术创新产出的度量指标具有众多优势。近些年，我国装备制造业专利申请数，如表 4-11 所示，我国装备制造业各个行业的专利申请数都呈逐年增加的趋势，这说明技术创新越来越受到重视，技术创新产出越来越多。

表4-11　我国装备制造业专利申请数（项）

时间（年）	金属制品业	通用设备制造业	专用设备制造业	交通运输设备制造业	电气机械及器材制造业	通信设备、计算机及其他电子设备制造业	仪器仪表及文化、办公用机械制造业
2000	134	791	880	542	2285	1358	238
2001	230	772	781	1246	2699	2233	435
2002	320	871	973	2102	4452	3869	612
2003	591	1513	1805	3692	6131	6121	589
2004	1093	2597	2098	4849	8353	8286	1132
2005	2008	3484	2880	6251	9528	12838	805
2006	1590	4390	3418	8273	8775	19886	1340
2007	1989	5538	4877	11668	12215	27894	1912
2008	3433	6987	7922	12888	17322	30386	4067
2009	4286	10618	9627	19131	22541	40263	5381
2010	5355	13922	13467	23700	28978	46209	5131
2011	12699	33060	32022	38829	57713	71890	14059
2012	16722	42136	43050	16136	74811	82406	15404

续表

时间（年）	金属制品业	通用设备制造业	专用设备制造业	交通运输设备制造业	电气机械及器材制造业	通信设备、计算机及其他电子设备制造业	仪器仪表及文化、办公用机械制造业
2013	18318	49305	53037	19140	78154	88960	19507
2014	19564	53169	54607	20736	92954	103504	22371
2015	22003	52898	52288	22147	92865	100785	17996
2016	24978	60198	57906	24414	113140	118725	20219
2017	29243	64164	68462	25267	136915	145303	23349
2018	38868	78960	81540	24492	152766	179405	25087

资料来源：根据《中国工业经济年鉴》《中国统计年鉴》及“中国经济与社会发展统计数据库”等相关资源整理。

除利用专利申请数作为衡量技术创新的产出指标外，运用新产品产值作为衡量技术创新产出的主要变量，已被广大学者所接受。如表 4-12 所示，从新产品产值指标来看，我国装备制造业各个行业的新产品产值呈逐年上升的趋势，这和表 4-11 所示的以专利申请数来衡量技术创新产出的趋势相同，更进一步证明了我国装备制造业技术创新产出逐年增加的事实。

表4-12　我国装备制造业新产品产值（万元）

时间（年）	金属制品业	通用设备制造业	专用设备制造业	交通运输设备制造业	电气机械及器材制造业	通信设备、计算机及其他电子设备制造业	仪器仪表及文化、办公用机械制造业
2000	424513	3896702	3806677	15502249	8657743	22887829	890061
2001	565042	4506008	3564483	19194844	11212775	25605870	848141

续表

时间(年)	金属制品业	通用设备制造业	专用设备制造业	交通运输设备制造业	电气机械及器材制造业	通信设备、计算机及其他电子设备制造业	仪器仪表及文化、办公用机械制造业
2002	671521	6023729	4411493	25153255	13302312	30017576	1385764
2003	1102631	7704712	5959950	36493077	15034359	39928070	1506102
2004	1684254	11402079	7060120	44470114	21047439	52493753	2516259
2005	2369277	15134303	8602681	52723955	26271967	58971262	2771527
2006	3073419	18852280	11484070	72082721	30812560	72211842	3732383
2007	4738920	24295655	15673161	91747616	44421551	89898499	5831396
2008	7117643	29403965	20306466	104629334	53094123	109232812	6146725
2009	6997185	33717044	25849579	144815747	64694733	102177761	6572843
2010	9478370	40732532	33276252	167349904	89322981	133569302	9427243
2011	15980464	59312338	46174710	196814988	115091229	169691115	15120795
2012	23685735	62773071	51792189	43637585	117922424	194715449	13840836
2013	27219666	72693612	58947065	47561595	138605057	241635185	14898717
2014	32051316	76409126	61128090	56819407	161569917	267651601	17680463
2015	35548896	80435662	60276516	64786477	165025929	306577277	18734368
2016	39656070	89485474	64300459	64443442	194090805	348386662	21426113
2017	44718345	93864597	73561409	60611870	212862746	398752317	23449650
2018	51534577	100236055	84073382	56039830	225188310	427938758	21445571

资料来源：根据《中国工业经济年鉴》《中国统计年鉴》及“中国经济与社会发展统计数据库”等相关资源整理。

3. 影响因素现状

根据张倩肖（2007）的相关研究，我国装备制造业技术创新不仅受自身 R&D 投入的影响，而且受到该行业国内技术购买、国外技术引进的影响，即受到整个行业 R&D 溢出的影响。通过表 4-13 ～表 4-15，可以看出，我国装备制造业的消化吸收经费、购买国内技术经费和引进技术经费都呈逐年增加的趋势。这表明我国装备制造业越来越重视技术创新。但实际上，2003 年以前，我国装备制造业整体消化吸收支出占其技术引进经费的比例低于 10%。虽然我国装备制造业近年来逐步增加了对于引进技术的消化吸收投入，该比例数值呈上升的趋势，但仍低于发达国家的水平。这表明我国装备制造业存在的主要问题是注重技术引进，但轻视对技术的消化和吸收，缺乏对引进技术开展再创新。

表4-13 我国装备制造业消化吸收经费（万元）

时间（年）	金属制品业	通用设备制造业	专用设备制造业	交通运输设备制造业	电气机械及器材制造业	通信设备、计算机及其他电子设备制造业	仪器仪表及文化、办公用机械制造业
2000	623	11031	2885	16496	44755	18838	621
2001	701	9258	4537	18131	65802	25381	886
2002	660	13831	10511	22274	78728	36823	405
2003	1365	13758	7934	35168	40112	34537	690
2004	3188	23285	9507	60553	44867	98007	1757
2005	6437	33529	8885	80287	59682	233443	5482
2006	6297	125734	17785	85663	39910	66364	5279
2007	42770	69534	28984	107012	68249	80123	10270
2008	14008	54421	24334	137911	68127	90648	15681
2009	20673	98792	29350	424660	71652	26318	10223
2010	20545	122905	43514	369230	86622	47649	13433
2011	21025	130160	37489	333827	156373	81101	36352

资料来源：根据《中国工业经济年鉴》《中国统计年鉴》及“中国经济与社会发展统计数据库”等相关资源整理。

表4-14　我国装备制造业购买国内技术经费（万元）

时间（年）	金属制品业	通用设备制造业	专用设备制造业	交通运输设备制造业	电气机械及器材制造业	通信设备、计算机及其他电子设备制造业	仪器仪表及文化、办公用机械制造业
2000	875	10437	8939	10396	24030	3264	394
2001	8576	7989	16138	15588	94622	7522	1279
2002	711	24644	14670	13294	100795	8970	5123
2003	1058	15178	13737	68037	15295	15326	1262
2004	1909	16516	25357	98192	33045	25230	2179
2005	6515	28000	26980	109095	38295	25140	4904
2006	6721	36396	62991	104220	35126	30278	3606
2007	14667	53363	23014	119672	55780	38711	4085
2008	29802	46068	35944	152985	53431	53020	6552
2009	10613	67943	46764	180826	57040	50039	10468
2010	20349	80422	37642	220818	67254	108803	17465
2011	26844	78640	51015	273887	98228	72958	17761

资料来源：根据《中国工业经济年鉴》《中国统计年鉴》及“中国经济与社会发展统计数据库”等相关资源整理。

表4-15　我国装备制造业引进技术经费（万元）

时间（年）	金属制品业	通用设备制造业	专用设备制造业	交通运输设备制造业	电气机械及器材制造业	通信设备、计算机及其他电子设备制造业	仪器仪表及文化、办公用机械制造业
2004	24237	147444	58303	644885	132325	1026657	54459
2005	33263	135630	70220	440442	144470	759375	30109
2006	21670	156890	50567	488631	149945	671753	46777
2007	26189	257311	56231	524342	193323	1200662	64048
2008	62780	226560	58498	951611	173922	742300	52328

续表

时间（年）	金属制品业	通用设备制造业	专用设备制造业	交通运输设备制造业	电气机械及器材制造业	通信设备、计算机及其他电子设备制造业	仪器仪表及文化、办公用机械制造业
2009	26515	190612	76762	943365	228451	525808	50679
2010	28798	232343	74294	1219313	309614	494603	66958
2011	38378	247182	136406	1101571	357205	549137	52824

资料来源：根据《中国工业经济年鉴》《中国统计年鉴》及“中国经济与社会发展统计数据库”等相关资源整理。

以上根据《中国工业经济年鉴》《中国统计年鉴》及“中国经济与社会发展统计数据库”等相关资源，统计性描述了我国装备制造业技术创新投入、产出及影响因素的现状。得出的基本结论是：近年来，我国装备制造业发展的总体规模呈逐步上升趋势。但是，此统计性描述没有揭示出投入和产出的数理关系，也没有阐明还有哪些因素影响技术创新效率，各个影响因素对技术创新效率的影响是否存在差别。基于此，本研究将对我国装备制造业技术创新效率进行计量分析。

二、我国装备制造业技术创新面临的机遇

（一）政府高度重视

装备制造业是制造业的核心，它为国民经济建设提供先进的生产设备，可谓是责任重大。其带动性强、涉及面广，产业技术水平的高低直接决定着国民经济其他产业竞争力的强弱，是国防安全不可缺少的重要基础。可以说，装备制造业是国家的支柱性产业。所以，中国政府非常重视装备制造业的发展，同时也频频颁布相关规划文件，仅近几年就有相当多的文件出台，具体信息如表 4-16 所示。

表4-16　有关装备制造业发展的规划文件

发布时间	发布部门	文件名称	主要内容
2006年6月	国务院	《国务院关于加快振兴装备制造业的若干意见》	系统提出了振兴装备制造业的目标、原则、主要任务等。涉及电力、化工、冶金等16个子行业的装备自主化
2009年2月	国务院	《装备制造业调整和振兴规划》	在金融危机背景下，作为十大产业振兴规划的组成部分，提出加快振兴装备制造业，必须通过加大技术改造投入，增强企业自主创新能力，促进产业结构优化升级，全面提升产业竞争力
2009年5月	国务院办公厅	《装备制造业调整和振兴规划及实施细则》	为应对国际金融危机的影响，落实党中央、国务院关于保增长、扩内需、调结构的总体要求，确保装备制造业平稳发展，加快结构调整，推动产业升级
2010年10月18日	国务院	《国务院关于加快培育和发展战略性新兴产业的决定》	高端装备制造被列为战略新兴产业的重要组成部分。支持企业大力发展有利于扩大市场需求的专业服务、增值服务等
2010年10月19日	十七届五中全会	《中共中央关于制定国民经济和社会发展第十二个五年规划的建议》	该建议提出培育发展战略性新兴产业。科学判断未来市场需求变化和技术发展趋势，推动高技术产业做强做大
2010年10月27日	工业和信息化部	《机械基础零部件产业振兴实施方案》	该方案指出机械基础零部件是装备制造业不可或缺的重要组成部分，逐步扭转基础零部件产业发展严重滞后的被动局面
2012年5月7日	工业和信息化部	《高端装备制造业“十二五”发展规划》	该规划在总结分析高端装备制造业发展现状的基础上，明确了“十二五”发展目标和思路，确定了发展重点方向及主要任务，并提出了相关政策措施

续表

发布时间	发布部门	文件名称	主要内容
2015 年 5 月 19 日	国务院	《中国制造 2025》	着力突破制造业发展的瓶颈和短板，抢占未来竞争制高点，国家制造强国建设领导小组启动了“1+X”规划体系
2016 年 8 月 1 日	质检总局 国家标准委 工业和信息化部	《装备制造业标准化和质量提升规划》	切实发挥标准化和质量工作对装备制造业的引领和支撑作用，推进结构性改革尤其是供给侧结构性改革，促进产品产业迈向中高端
2016 年 12 月 8 日	工业和信息化部 财政部	《智能制造发展规划（2016—2020 年）》	明确了“十三五”期间我国智能制造发展的指导思想、目标和重点任务
2017 年 11 月	发改委	《增强制造业核心竞争力三年行动计划（2018—2020 年）》	加快建设制造强国，加快发展先进制造业，以及 9 个重点领域关键技术产业化实施方案
2018 年 8 月	工业和信息化部	《国家智能制造标准体系建设指南》	“智能制造”是落实我国制造强国战略的重要举措，加快推进智能制造是加速我国工业化和信息化深度融合，推动制造业供给侧结构性改革的着力点
2019 年 11 月	发改委	《关于推动先进制造业和现代服务业深度融合发展的实施意见》	到 2025 年形成一批创新活跃、效益显著、质量卓越、带动效应突出的深度融合发展企业、平台和示范区，推动制造业高质量发展

这些文件的颁布，表明中国政府对装备制造业重要地位的肯定和重视，这为我国装备制造业新一轮发展提供了良好的政策环境。装备制造业的健康发展、快速发展，对增强技术创新能力、推进国民经济产业结构优化升级具有重要的现实意义，同时也是转变经济发展方式、贯彻落实科学发展观的重要举措。

（二）国内投资的引资需求

2007 年，由美国次贷危机引发的金融海啸，使西方发达国家的实体经济进入下行发展通道。这次全球性的金融风暴，中国也不可避免地受到外部经济形势恶化影响，财政收入同比呈下降趋势，各行各业亏损面持续扩大，中国经济遭遇了前所未有的挑战。为了实现“保增长、促就业、调结构”的目标，中国政府迅速修正宏观调控思路，实施积极的财政政策和适度宽松的货币政策。国务院于 2009 年年初正式推出 4 万亿元的大规模投资计划，同时也引发了地方政府高达 20 万亿元的投资计划。这些投资涉及工程机械行业、环保行业、油气核电行业、电网行业、公路行业、铁路行业、机场行业、建筑行业及房地产行业等。但实际上，众多行业的发展，都必须以装备制造业为基础。如此大规模与装备制造业有极为密切关系的投资，必定会对装备制造业产生极大的引资需求，不仅为装备制造业技术创新和产业结构调整提供绝佳的历史机遇，更重要的是有助于装备制造业长期发展。

（三）国际装备制造业转移

我国装备制造业经过七十多年的发展，逐步成为一个门类齐全、技术水平高、具有相当规模和实力的工业部门，并建立起一个比较完备的工业体系。同时，由于中国经济一直保持快速发展势头，基础设施建设得到了加强，国内局势安定，国际地位稳步提高，产业资本充足，有一支强大的工人队伍，国内市场需求旺盛等优势，决定了中国是接纳装备制造业转移的最适宜国度。

当前，受经济全球化和以信息技术为先导的新兴产业发展影响，世界经济结构调整速度加快，装备制造业国际转移趋势更加明显。由于在传统劳动密集型产业方面的成本劣势，以及对保护资源和环境的要求，工业发达国家逐渐退出劳动密集型和高污染的制造业，转而致力于发展高技术、高附加值的新兴产业。同时，发达国家由于国内经济结构的调整，以及劳动力等生产要素成本的影响，开始致力于产业链上游的研发与下游的服务，而将中间的加工组装业务向发展中国家转移，即装备制造业向劳动力丰富且成本低的发展中国家转移。20 世纪 80 年代以来，制造业转移的范围和规模都在不断加大，而且转移的技术层次也在不断提升。据不完全统计，资本密集型产业和技术密集型产业转移占国际制造业转移和国际投资总额比重已由 20 世纪 80 年代的不足 46% 提高到目前的 50% 以上[1]。

中国积极利用装备制造业国际转移的历史机遇，向大型装备制造业跨国公司购买先进技术，或者与他们合资合作，使我国装备制造业在技术创新能力、管理水平、营销水平及公司治理结构方面缩小与发达国家的差距。

---

❶ 田侃，蓝庆新 . 国际制造业转移与中国制造业的发展 [J]，商场现代化，2007，08.

第五章

科技金融促进装备制造业转型升级机理

第一节　科技金融引领技术创新

一、科技金融对技术创新的作用

科技金融对技术创新的作用主要包括四个方面：科技金融能够帮助技术创新活动筹集资金，为企业提供资金支持；科技金融体系能够为技术创新处理信息，减少信息不对称问题，降低交易成本，为技术创新配置资源；科技金融体系协助企业建立激励监督机制；科技金融系统能够帮助企业控制和降低科技创新的风险。

（一）资金支持

科技金融能够帮助技术创新活动筹集资金，为企业提供资金支持。技术创新是一个多阶段、多层次、多组织合作的协同过程，技术创新活动“研发—成果转化—产业化”的各个阶段都需要来自政府公共领域和金融市场领域的政策保障和资金支持，科技创新活动的主要和关键问题就是企业融资问题。处于初创阶段的研究项目和企业，需要大量资金进行前期设备购置、吸收高技术人才开展研发工作；随着创新项目的深入发展，成长阶段的企业仍然需要源源不断的资金投入进行产品生产，开拓市场，将科研成果进行高效转化；处于成熟阶段的企业也需要通过资本运作提高企业管理业绩，扩大市场份额。完善的科技金融服务平台可以在政府引导，市场化运作的金融体系中，借助多元的科技金融参与主体及多样化的金融工具和服务，为企业开展高技术活动提供与其发展阶段相符合的高效的资源配置方式，促进技术发展。

（二）配置资源

科技金融体系可以通过对创新活动信息的高效处理，减少信息不对称和降低交易成本，对技术创新资源进行合理分配。高技术项目发展前景评估往往需要较丰富的信息资源和较高的专业知识，一般投资者没有精力和能力去搜集这些信息来评估企业创新项目，这会产生高成本和高壁垒。银行等金融机构依托自身在信息获取和规模处理的优势，可以对企业的财务状况、经营能力和发展潜力进行综合评价，对创新项目进行事前事后甄别和评估，从而解决企业和投资者之间的信息不对称问题，降低融资活动的评估和交易成本，扮演资金供求者的角色，引导投资者对高技术项目的投资倾向。由于金融市场的敏感性，丰富的信息通过价格信号为这些高技术、高收益的企业带来更多的社会资本。同时，有效的金融市场能够对科技创新项目进行甄别和筛选，选择那些高成长、高收益、有发展潜力的项目和企业，淘汰技术创新活动中没有达到预期收益和成果的项目和企业。因此，只有迅速得到市场认可的技术创新活动才能生存和发展，促进产业集聚，使科技创新沿着正确的方向前行。

（三）激励监督

科技金融体系协助企业建立激励和监督机制。在技术创新过程中，不仅存在技术、市场、财务、组织管理、生产等各种客观风险，还存在创新主体在能动、管理、决策、道德等方面的主观风险，如果在生产经营过程中盲目进行技术创新的决策和判断，缺乏对企业和技术创新主体的相关监督和约束，可能会增加技术创新的风险，造成损失，甚至导致创新活动失败和企业破产。同时，投资者对自己所投资项目的运营情况具有知情权，需要对自己所投项目的经营和回报等信息有准确的了解以确保自身收益。这就要求企业建立监督、约束和激励制度，通过引入银行、风险投资、信用担保等企业外部的金融主体，以股权激励、管理层期权激励、债权投资等金融工具与合伙经营等契约方式，使更多的投资者能够参与企业的决策判断，加强监督，从而降低和控制风险。投资者通过直接或间接方式参与到企业的经营和创新活动中，全面深入地掌握企业动向信息，关注企业成长，注重企业的融资需求，推动企业技术创新激励约束机制的建立，激发创新主体的主观能动性和积极性，降低技术创新的系统性风险。

（四）控制风险

科技金融系统能够控制和降低创新风险。企业科技创新活动的风险主要来自外部环境的不确定性、项目的复杂性和开发主体的能力有限性。科技活动中的金融风险主要体现在流动性风险和收益率风险。为了规避流动性风险，投资者往往倾向选择更易变现的、回报率低和低技术水平的短期项目，导致流动性低、回报率高、高技术水平的创新项目出现资金不足的问题。科技金融体系通过提供各种专业的资产组合来分散流动性风险，提高了投资者对投资项目的快速变现能力，帮助投资者选择更加专业化的高技术项目进行投资，有利于技术创新长期资本的形成和资源配置。收益率风险是指市场利率、股息和资产价格波动引起的投资回报的不确定性。科技创新活动遵循风险收益的对称规律，即高收益科技开发活动必然伴随着收入的巨大波动，这意味着要承担更高的风险。这种情况下，投资者会做出跟流动性风险下类似的选择：为了规避风险，投资者倾向于选择风险低但技术创新水平不足的项目和企业，导致高水平、专业化的技术项目缺乏经费。金融系统中存在期限，融资成本及流动性等方面具有不同特点的金融产品，可以利用多元化的投资组合，将资源分配到不同类型的技术项目上，达到分散收益风险的目的，从而促进整体的技术进步。例如，科技保险可以通过为高风险高收益的科技创新活动提供保险（如技术交易保障险、科技人员特种人身保险、技术装备保险）来防范、分摊、转移科技活动中的风险，清除科技创新成果转化过程中的阻碍。

二、科技金融对技术创新的影响

不同的科技金融主体对技术创新活动的作用方式有所不同，下面笔者分别从政府、银行、风险投资、资本市场和科技保险五个方面阐述它们对技术创新的影响，如图 5-1 所示。

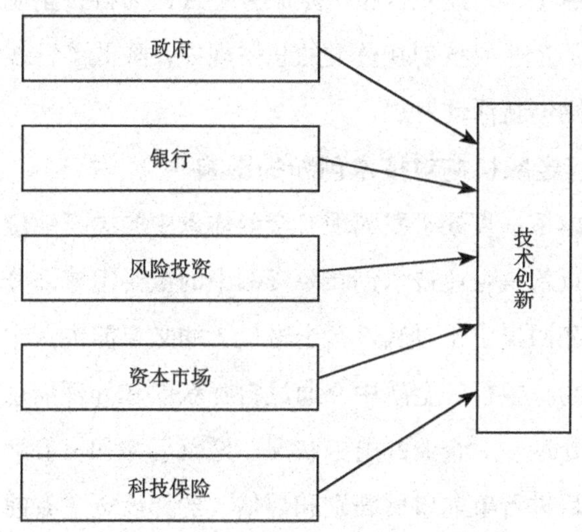

图5-1　科技金融对技术创新影响因素

（一）政府对技术创新的影响

科技创新自身的复杂性、不确定性、高风险性和信息不对称等特质使得科技创新活动的发展离不开政府对它的支持。政府对科技创新的支持体现在政府通过对企业、科研机构和其他科技主体的财政科技支出上，财政科技支出可以降低企业、高校和科研机构的研发成本和研发风险，激发其进行科研创新的动力，且政府的科技资金支出可以引导金融机构贷款、风险投资和其他社会资金进入科技创新领域；除此之外，政府财政科技支出可以帮助企业升级设备，引进新技术，推出新产品，激励科研人员，促进科技创新成果产出。政府还通过政策性金融来充分发挥财政资金的杠杆作用，引导支持科技活动。例如，政府在金融产品中采用贴息、免息、低息等政策工具，使原来风险与收益不匹配的创新项目满足商业银行的合理贷款要求；通过保费补偿机制和税收优惠政策促进科技保险的发展；通过建立专业的中介机构为企业提供筹资担保、项目咨询等服务，在企业和金融部门之间架起桥梁。政府还通过出台鼓励科技金融发展的政策性文件，推动科技金融试点工作，建立科技金融服务平台，为科技企业提供全方位金融服务，扩大了企业科技创新资金的总体规模，降低了科技创新活动的风险性，以此激励创新活动发展。

（二）银行金融机构对技术创新的影响

银行金融体系一直处于我国现有金融体系中的关键地位，银行金融中介机构提供的贷款是企业技术创新筹资额中的重要组成部分。评估创新项目的发展前景和回报率是对其进行金融投入的必要前提，这一工作专业性强，信息成本高，银行等金融中介通过自身获取和处理信息的优势对信息进行集中高效处理，对企业的财务状况、经营能力和发展潜力进行综合评价，对创新项目进行事前事后甄别和评估，选择投资更有前景、回报率更高、不确定性更小的技术创新项目，为这些潜力股提供强有力的资金支持。当这项科研项目发展壮大后银行能够从中获得可观的投资回报。在有效金融市场中，银行资金投入这一信息会得到扩散，进而动员社会资本，引导资源投向这些高技术、高回报的企业。除此之外，证券资本市场对企业信息公开的强制性要求，可能会导致创新项目信息泄露被他人模仿，从而损害原本技术创新活动的利益。不同于此，以银行为主的金融中介市场因为没有针对创新项目的信息披露要求，不会导致创新项目信息的外部性，可以激励企业进行创新活动。

但科技创新活动的高风险性与商业银行的稳健性原则存在根本矛盾。中小企业科技创新活动贷款主要是短期流动资金贷款，难以预测贷款周转期和逾期风险，其短、急、险的特征使商业银行对这些科技企业的贷款普遍存在成本高、效率低、信息不对称等问题。因此，商业银行贷款更偏好资产规模较大、信用评级较高的大型企业，对于资产规模小、具有“四高”特征（即高技术、高投入、高成长和高风险）且信用状况难以达到商业银行贷款要求的中小科技企业来说，银行往往无法满足其技术创新的融资需求。

（三）风险投资对技术创新的影响

风险投资的投资对象主要是高新技术企业，关注高新技术企业创业者及其团队所拥有的知识、技术和商业模式。风险投资通过专业化运作为企业提供资金支持，为科技创新活动提供急需资金，提高高新技术企业在市场中的竞争力，促进高新技术产业的快速发展。风险投资通常在初期利用股权投资方式对中小科技企业进行融资支持，后期通过帮助科技企业上市或并购撤出投资，在承担高风险的同时获取高收益。在风险资本对企业进行投资过程中，风险投资针对被投资企业的发展情况制定不同的投资策略，控制不同阶段的投资量从而对被投资企业形成资金约束，可以激励企业更高效地从事生产和经营活动，增强企业技术创新的动力。

同时，风险投资还为高技术企业提供一系列增值服务，对被投资企业提供持续的监督与指导来满足风险投资自身对高收益的追求。主要包括运作企业流动资金，提供相关政策法律信息和风险防范服务，引导优质技术，培养优秀管理团队，制订上市或收购计划等，这些服务对以技术见长的创新型初创公司的发展尤为重要。简言之，风险投资在为高新技术企业提供资本支持和增值服务的基础上，通过建立风险分担、激励监督等机制使得企业对创新资源的利用能力和效率得到提高，最终促进科技成果转化成功，实现产业化。

风险投资的发展历史表明，风险投资作为一种高能资本，能够有效推动新技术应用、新产品开发、新市场营造和新产业发展，是“中小科技企业成长的加速器”“高新技术产业发展的助推火箭”。

根据美国创业投资协会统计，美国创业投资年均投资额约占全美GDP的0.2%，比股权投资少得多，但创业投资企业创造的GDP占美国GDP总额的21%，提供就业占全美就业岗位数的11%。创新创业推动信息、生物、健康等众多新兴行业的发展，正是由于创业投资的介入，高新技术行业实现了从研发到转化再到产业化的发展，成为美国经济新支柱。近年来，中国的风险投资蓬勃发展，为创新创业企业提供强大的资金激励。据《中国创业风险投资发展报告2017》统计，2016年，我国创业风险投资机构数量达到2045个，其中风投基金数量为1421个，管理资本总额达到8277.1亿元，比2015年增加1623.8亿元，增幅达24.4%；披露全年新募集基金1061.1亿元；在投资方面，共发生2744起投资案例。

（四）资本市场对技术创新的影响

资本市场是科技创新型企业进行融资的直接渠道，也是风险投资的退出渠道，它在信息披露方面对企业有严格的要求，能够缓解投融资双方之间的信息不对称问题，间接地增强了企业的融资能力。除此之外，资本市场融资可以降低企业的资产负债率，优化企业的财务结构，通过公开的股票和债券市场融资大大增加企业的声望和信誉，还可以引导优质人才流入，对企业进行并购活动，增强实力，扩张市场范围。资本市场直接融资是国外技术创新型企业筹资的主要方式，但中国的直接融资比例较低，2016年直接融资比例仅为23.8%。

技术创新型企业在资本市场上直接融资的方式主要包括两类：股票市场融资和债券市场融资。股票融资是上市公司通过股票配售、发行和增发可转换债券等方式直接在证券市场上进行融资。股票融资又分为境内和境外两大类市场。以中小板、创业板、三板市场和产权交易市场为主的支持我国科技创新中小企业的境内多层次资本市场已经初步建立。对于初创科技企业，创业板市场可以帮助其获取规模更大且周期更长的资金，有利于企业的产业化发展。对科技研发处于成熟阶段的企业来说，产权交易市场可帮助其将技术性开发成果进行有效转化。

除了发行股票融资外，发行债券融资是资本市场融资的另一种主要方式。在现有融资方式不能保证企业资金需求的情况下，考虑发行债券筹资是十分必要和现实的。高科技企业成立之初，面临巨大的投资风险，需要大量的资金投入，往往无法通过股票市场和银行贷款等渠道获取资金支持。债券融资具有发行成本低、固定收益率、自由流通转让的特点，因此，这些企业通过发行债券来吸纳社会投资者手中的闲散资金进行资金筹集。此外，通过吸收储蓄将其转化为投资，债券融资使现有的金融资本结构更加多元化，降低了金融风险。公司发行债券可以将风险分散到众多的公共投资者身上，从这个角度来看，发行债券相比于银行贷款可以承担和分散更多风险，因此，银行不愿承担的高风险长期筹资活动可以通过公司债券解决。

（五）科技保险对技术创新的影响

谢科范（1995）认为科技风险是科研开发活动中，特别是科学技术转化为生产力过程中，由于外部环境的不确定性，项目本身的复杂性，以及科研开发者能力的有限性，导致科研开发项目失败、中止、达不到预期的技术经济指标的可能性在科技创新活动中，创新主体面临着来自各方面的风险和压力，包括国内外经济形势波动、政策变化、经济市场冲击等外部环境风险；科研项目本身存在高难度技术问题、巨额科研经费和研发人员投入、经营管理问题等内部风险；技术转移信息不对称、激励机制不完善、市场需求变化等科技成果转化风险。这些风险可能导致创新活动中止、延迟甚至失败，造成企业投入的人力、物力、财力等科技资源大量浪费，使企业失去转型发展的机遇，还可能使企业产生不敢从事科技创新的畏惧心理，一味依靠外部技术而对自身创新开发选择回避策略，阻碍科技水平的提升。因此，高新技术企业需要特定的保险对企业在基础研发、生产活动、经营管理方面面临的高风险进行分散、转移和规避，促进企业风险管理和控制，提高企业科技创新水平。自 2007 年科技部印发《关于开展科技保险创新试点工作的通知》，开展科技保险试点工作以来，全国各大城市相继深入推进科技保险金融服务，通过政府财政资金进行保费补贴，将保费支出纳入企业创新产品研发活动，享受国家税收优惠，并出台一系列鼓励保险行业在科技保险方面进行业务创新的文件政策。保险公司积极响应，培养科技保险专业人才，开发科技保险产品，逐步形成了包括政府部门、银保监会、科技部、企业和保险公司共同参与的“政府 + 市场”的运作模式和科技创新活动风险管理机制，为技术创新活动进行风险管理和控制分散技术风险。

第二节　技术创新的研究视角

传统经济学理论认为经济增长的源泉主要是要素投入增加和生产率提高。两者相比较而言，因为随着要素投入的增加，边际收益存在递减现象，所以要素投入增加作用是短期的。由此可见，经济长期增长必然要依靠生产率的提高。早期经济学理论把生产率提高全部归因于技术进步，但是，经过反复摸索，现在越来越多的学者把生产率提高归功于技术创新。中国共产党第十八次全国代表大会中提出，实施创新驱动发展战略，技术创新是提高社会生产力和综合国力的战略支撑。党的十九大报告再次提出，创新是引领发展的第一动力，是建设现代化经济体系的战略支撑。这深刻说明技术创新的重要性。本章意在阐明装备制造业与技术创新的理论机制，为下两章进行实证分析打下理论基础。

一、技术创新的研究对象和范围

装备制造业技术创新研究维度的划分，必须根据技术创新研究视角来进行。关于技术创新的研究视角，依据不同的划分标准，有不同的划分结果。例如，依据技术创新源的获取方式不同，可以分为原始创新、模仿创新以及集成创新；依据技术创新的实现方式不同，可以分为自主创新、模仿创新以及合作创新；依据技术创新过程中影响程度的大小，可以分为根本型创新和渐进型创新。不同的研究视角，是从不同的角度对技术创新进行思考，有助于全面、客观地了解技术创新。

张治河（2003）、牛莲芳（2006）、袁立科（2007）等学者依据技术创新的对象和范围，将技术创新划分为：宏观技术创新、中观技术创新和微观技术创新，如图 5-2 所示。宏观技术创新的研究重点是国家创新体系；中观技术创新的研究重点是区域技术创新和产业技术创新；微观技术创新的研究重点是企业技术创新。

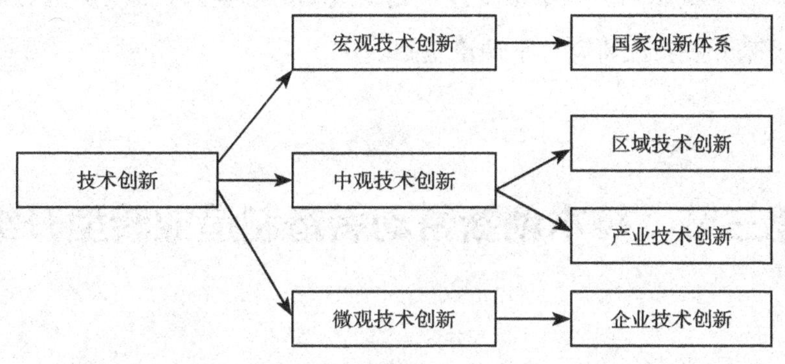

图5-2　技术创新的研究对象和研究范围

二、装备制造业技术创新研究维度

目前，关于中观技术创新的研究，主要集中在区域技术创新和产业技术创新两个维度，并且以区域技术创新的研究为主，产业技术创新只是简单地区分为一般产业和高新技术产业，缺乏对不同性质产业及产业内具体行业细分的研究，特别是缺乏对装备制造业这种重要产业技术创新的研究。基于此，本研究从中观技术创新视角出发，将装备制造业技术创新研究细分为产业维度和区域维度，如图 5-3 所示。

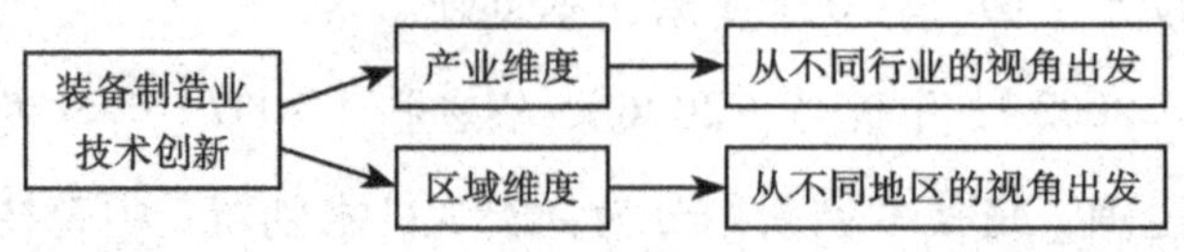

图5-3　装备制造业技术创新整体框架示意图

下面，笔者分别从产业维度和区域维度对装备制造业技术创新进行理论分析，着重总结出两个维度技术创新效率的影响因素，并构建出模型，为接下来开展实证研究打下理论基础。

第三节　技术创新带动装备制造业转型升级

一、产业维度装备制造业技术创新理论分析

（一）产业技术创新的概念

产业技术创新的概念是随着技术创新理论逐步深入研究和不断完善而

提出的。Freeman(1997) 概括产业创新包括：技术创新、技能创新、产品创新、管理创新、流程创新以及市场创新。

国外学术界关于产业技术创新的研究已取得了一定成果。Porter(2002) 认为，六个要素决定着产业技术创新的竞争力[1]。Henisz(2001),Hemmert (2004)，Andonova（2006）等学者分析了制度环境对产业技术创新的影响，涉及的要素包括：*R&D*、外部知识源、政治、法律、管理环境及知识转移等。中国学者关于产业技术创新的研究虽然起步较晚，但也取得了一定的成果。庄卫民、龚仰军（2005）对产业技术创新进行了界定：以市场为导向，以企业技术创新为基础，以在产业与产业之间、企业与企业的技术创新扩散为重点，以提高产业竞争力为目标，从产生新工艺或新产品设想，到技术的发展、生产、商业化、产业化整个过程。于小飞（2006）认为产业技术创新是对产业发展的共性技术和关键技术的研发及推广，是在多个领域内已经或未来可能被广泛应用，其研究成果可以共享，并对整个产业或者多个产业造成深度影响的一类共性技术和关键技术的创新。经过对比可以发现，龚仰军、庄卫民的研究重点是技术创新产生及发展过程，于小飞把分析的重点放在关键技术和共性技术的创新，以促进产业发展。

基于以上学者的分析，本研究将产业技术创新定义为：以市场为导向，以企业技术创新为基础，以提高产业竞争力为目标，以技术创新在企业与企业、产业与产业之间扩散为重点过程的从新产品、新工艺设想产生，经过技术开发（或者技术引进以及消化吸收）、生产、商业化到产业化整个过程一系列活动的总和。

[1] 六个要素分别是：要素条件、需求条件、产业结构、企业策略、结构与竞争者、机遇与政府行为。

（二）产业技术创新系统构成

产业技术创新系统是以政策调控为导向，以市场需求为动力，以创新性技术供给为核心，以实现特定产业技术创新为目标，以良好的国内外环境为保障的网络体系。Malerba（2002）阐述产业技术创新系统由三个模块组成，分别是：知识与技术、行为者与网络及制度。张治河（2003）构建了一个产业创新系统模型[1]，对产业创新系统的功能、结构和运行机制以“中国光谷”为例进行了分析。赵树宽（2006）研究了技术创新在产业创新系统中的传导路径，以产业间的传导份额中的产业创新经济效益作为参数，运用投入产出分析原理建立测度模型，并分析了产业创新系统效应。李春艳、刘力臻（2007）认为产业技术创新系统是联结企业创新系统和国家创新系统之间的桥梁，构建了产业创新系统模型，并分析了产业创新系统的形成机理和技术创新的动力机制。范云、刘志迎（2008）采用进化博弈分析，对产业创新动态系统进行了分析，并提出了系统的进化稳定策略和进化稳定状态，研究结论表明产业创新的决定性因素是创新策略的收益、成本及保守策略收益三者之间的关系。李庆东（2009）从四个模块构建了产业技术创新系统结构模型，分别是：边界和需求、知识基础和技术、参与者与网络、制度环境。

综上所述，本研究将产业技术创新系统构成要素概括为三个部分，分别是：

第一部分，产业技术创新系统的主体，其中，以企业为主要参与者，以科研机构、金融机构、中介服务机构等为次要参与者。

第二部分，产业技术创新系统的资源，包括知识资源、技术资源、科技设施、市场、服务等，这些都是产业技术创新过程中必不可少的资源

[1] 此模型包括四个子系统，分别是：产业创新技术系统、产业创新政策系统、产业创新环境系统及产业创新评价系统。

要素。

第三部分，产业技术创新系统的运行机制，以规范系统中的主体行为，促进产业技术创新系统的整体协调能力，实现功能的提高。

（三）产业维度装备制造业技术创新效率影响因素

技术创新作为一种技术经济活动，其涉及面广、过程复杂、环节多、影响因素较多。对于技术创新效率的影响因素，中国的研究多是沿用外国已经成熟的影响因素维度框架，而没有对框架内的影响因素做深入的探讨，也没有对随经济发展可能出现的新影响因素进行挖掘。因此，本研究在总结现有文献的基础上，对产业维度装备制造业技术创新效率影响因素展开细致分析。

技术创新的本质是新知识的产生及运用知识生产新知识的过程。产业技术创新不仅依赖于 *R&D* 投入所获取的知识存量，还依赖于其所处的整个经济系统能获取知识存量及其知识溢出。张倩肖（2007）认为技术创新过程主要包括两类创新资源的投入，分别是内部创新资源和外部创新资源，如图 5-4 所示。

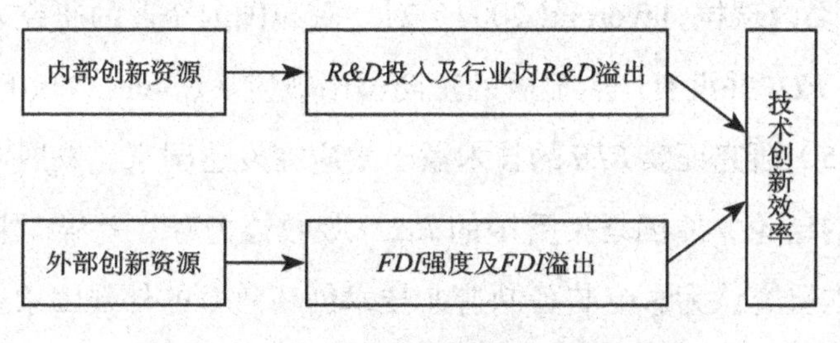

图5-4　产业维度技术创新效率影响因素

内部创新资源主要是指 *R&D* 投入及行业内 *R&D* 溢出。现有关于 *R&D* 与技术创新之间的投入产出效率研究多集中于发达国家，例如，Griliches（1990）、Caballero & Jaffe（1993）以美国为研究对象，发现美国的技术创新产出率有所下降，而对发展中国家的研究相对匮乏。Griliches（1989）、吴延兵（2006）等学者通过不同国家、不同产业的经验研究证明了*R&D*投入与技术创新产出之间存在显著的正相关关系。技术创新效率的影响因素有*R&D*投入、行业内的技术购买、国外技术引进以及*FDI*的*R&D*投入等（张倩肖，2007；邓路，2009）。因此，本研究认为影响装备制造业技术创新效率的内部因素包括：企业自身*R&D*投入及行业内各种其他形式*R&D*，例如，国内技术购买、国外技术引进、外资企业直接*R&D*的溢出效应。

外部创新资源主要是指外商直接投资（即*FDI*），具体而言，包括*FDI*强度及*FDI*溢出。之所以这样认为，原因是：第一，在我国装备制造业中，外商直接投资总产值的比重近年来均保持在40%左右，同时，新产品产值的占比也保持在40%左右[1]。这说明外商投资企业已经在我国装备制造业中占据了重要位置。第二，相比内资企业而言，外资企业拥有更多的先进生产设备、先进技术及丰富的管理经验，这些对内资企业来说，既是动力也是压力，这种综合力最终刺激了内资企业技术创新，还是抑制了内资企业技术创新？目前学术界尚未形成定论。Aitken & Harrison（1999）对委内瑞拉,Javorcik(2004）对立陶宛国内企业的研究表明，在欠发达国家，*FDI*并没有产生显著的正向溢出效应。Borensztein（1998）、赖明勇（2005）研究证实*FDI*的技术溢出效应在发达国家、发展中国家出现完全相反的结论，原因是接受国的*R&D*吸收能力存在差异。基于以上两点原因，本研究认为影响装备制造业技术创新效率的外部因素主要是*FDI*强度及*FDI*溢出。

（四）产业维度装备制造业技术创新效率影响因素模型构建

基于上文的分析，本研究认为产业维度装备制造业技术创新效率的影

[1] 根据《中国工业经济年鉴》《中国统计年鉴》及“中国经济与社会发展统计数据库”等相关资源整理后得到。

响因素主要是 *R&D* 和 *FDI*。因此，构建产业维度装备制造业技术创新生产函数为：

$$f(x)=f(R\&D,FDI,\varepsilon) \tag{5-1}$$

在模型（5-1）中，$f(x)$ 表示我国装备制造业技术创新产出，*R&D* 不仅包括 *R&D* 投入，还包括国外技术引进（*TI*），国内技术购买（*DT*）以及外资企业直接 *R&D*（*FRD*）。*FDI* 表示外资对内资企业的直接投资，包括 *FDI* 强度及 *FDI* 溢出[1]。ε 表示其他因素。

1. *R&D* 投入及行业内 *R&D* 溢出与技术创新效率

依据相关文献，本研究认为在技术创新过程中，*R&D* 投入和产出的关系服从线性或非线性多项式的形式，所以，技术创新过程中投入与产出的普遍模型形式可以表现为：

$$Y=f(R)+\lambda X+\varepsilon \tag{5-2}$$

在模型（5-2）中，研发部门的技术产出由 Y 表示，*R&D* 投入由 R 表示，其他控制变量由 X 表示，ε 为随机误差项，λ 为待估参数。

通过总结相关文献，发现模型（5-2）有两点需要进一步说明：首先，由于技术创新过程具有显著连续性，*R&D* 资本投入会逐步折旧和贬值，这类似于物质资本投入。因此，在技术创新过程的实证研究中，考虑以折旧后的 *R&D* 资本存量来表示[2]。其次，*R&D* 投入除了 *R&D* 资本投入外，还应该包括 *R&D* 人员投入。所以，本研究认为创新过程本质上是生产者利用 *R&D* 部门中的资本和人员连续创造出新知识的过程，这一创新过程的生产函数为：

$$Y_{it}=A_{it}RD_{it}^{\alpha_1}RDP_{it}^{\alpha_2} \tag{5-3}$$

在模型（5-3）中，Y 表示技术创新产出，RD 表示 *R&D* 资本投入，RDP

---

[1] 为避免重复计算，*FDI* 强度和 *FDI* 溢出中都不包括 *FRD*，下同。

[2] Coe（1995）的研究中利用永续盘存法测算 *R&D* 资本存量。

表示 $R\&D$ 部门的从业人员，i 和 t 分别表示产业和年份，影响技术创新效率的其他因素由 A 表示。

根据张倩肖（2007）和邓路（2009）的相关研究，中国装备制造业技术创新效率不仅受自身 $R\&D$ 投入的影响，还受整个行业 $R\&D$ 溢出的影响，即受到该行业国内技术购买、国外技术引进、外资企业直接 $R\&D$ 投入水平的影响。因此，本研究将影响装备制造业技术创新效率的其他因素 A 定义为：

$$A_{it} = \lambda e^{f\left(DT_{it}, TI_{it}, FRD_{it}\right)+\varepsilon_{it}} \quad (5\text{-}4)$$

在模型（5-4）中，DT 表示行业层面国内技术购买，TI 表示国外技术引进，FRD 表示外资企业本土化 $R\&D$ 投入水平，λ 表示常数项，ε_{it} 为随机误差。

结合吴延兵（2005）的成果，本研究将函数 $f(x)$ 定义为：

$$f(x) = \alpha_3 \ln DT_{it} + \alpha_4 \ln TI_{it} + \alpha_5 \ln FRD_{it} \quad (5\text{-}5)$$

将模型（5-5）代入模型（5-4）中，再将模型（5.4）代入模型（5-3）中，然后两边取对数，得到：

$$\ln Y_{it} = \alpha_0 + \alpha_1 \ln RD_{it} + \alpha_2 \ln RDP_{it} + \alpha_3 \ln DT_{it} + \alpha_4 \ln TI_{it} + \alpha_5 \ln FRD_{it} + \mu_{it} \quad (5\text{-}6)$$

模型（5-6）即为 $R\&D$ 投入及行业内 $R\&D$ 溢出对装备制造业技术创新效率影响模型。

2. *FDI* 强度及 *FDI* 溢出与技术创新效率

创新过程本质上是创新主体在一定宏观产业环境下，利用各种资源，例如，$R\&D$ 资本、$R\&D$ 人员等，创造出新知识的过程，因此，创新过程生产函数可以表示为：

$$Y_{it} = A_{it} RD_{it}^{\alpha_1} RDP_{it}^{\alpha_2} \quad (5\text{-}7)$$

在模型（5-7）中，Y 表示技术创新产出，RD 表示 $R\&D$ 资本投入，RDP

表示 *R&D* 人员投入，i 和 t 分别表示产业和年份，技术创新的其他影响因素由 A 表示。

目前，外资所占比重及出口水平是衡量我国装备制造业内部和外部最根本特征，两者通过行业外资企业的 *FDI* 溢出效应以及出口拉动效应影响行业整体技术创新水平（邓路,2009）。因此，本研究将影响技术创新产出的其他因素 A 进一步定义为：

$$A_{it} = \lambda e^{f\left(FDI_{it}, EXPORT_{it}, MARKET_{it}\right)+\varepsilon_{it}} \quad (5\text{-}8)$$

在模型（5-8）中，*FDI* 表示外商直接投资，*EXPORT* 表示出口水平，*MARKET* 表示市场竞争程度，λ 表示常数项，ε_{it} 为随机误差。

根据 Hu（2005）的相关研究，本研究将函数 f（x）定义为：

$$f(x) = \alpha_3 \ln FDI_{it} + \alpha_4 \ln EXPORT_{it} + \alpha_3 \ln MARKET_{it} \quad (5\text{-}9)$$

将模型（5-9）代入模型（5-8）中，再将模型（5.8）代入模型（5-7）中，然后两边取对数，得到：

$$\ln Y_{it} = \alpha_0 + \alpha_1 \ln RD_{it} + \alpha_2 \ln RDP_{it} + \alpha_3 \ln FDI_{it} + \alpha_4 \ln EXPORT_{iit} + \alpha_5 \ln MARKET_{it} + \mu_{it} \quad (5\text{-}10)$$

模型（5-10）即为 *FDI* 强度及 *FDI* 溢出对装备制造业技术创新效率影响模型。

二、区域维度装备制造业技术创新理论分析

（一）区域技术创新的概念

Liu & White（2001）阐述由于国家内部各区域之间存在较大的差异性，所以，对创新能力在国家层面上进行分析是不恰当的。概括地讲，创新能力和绩效的差异不仅表现在国家之间，同时体现在同一国家内不同地区之间。这一点也被其他学者所证实，如 Evangelista（2001）、Acs（2002）。

对于以中国为代表的处于转轨阶段的发展中国家而言，在向市场经济体制转轨过程中，国家内部区域创新系统也经历着巨大的变化，其中一个主要特征是日趋显著的地区差异。要想解释导致这种差异的结构性原因，基于区域维度的技术创新分析是比较合适的。

国务院研究中心课题组（1994）研究认为区域技术创新是指区域内企业采用新生产方式和经营管理模式，应用新工艺、新知识、新技术，提高产品质量，提供新服务，开拓新市场并提高市场占有率，实现市场价值。方旋、刘春仁、邹珊刚（2000）认为区域技术创新是一个包括企业、科研单位、中介机构以及地方政府组成的区域系统，体现为一定区域内的教育、技术、经济、科学等要素形成的一体化发展机制，是一种特定的技术经济过程。区域技术创新在本质上是特定时空范围内的社会、自然、技术等资源优化配置与组合的结果。孟玉明（2005）定义区域技术创新是依托区域科学技术创新实力，有效地利用区域技术创新资源，协调区际间科技合作与竞争，促进开展区域技术创新活动，创新成果应用、推广和普及，以实现区域内技术创新资源高效配置和结构优化，实现区域优势，促进区域经济发展。

综上所述，本研究将区域技术创新定义为：在一定的区域范围内及创新环境中，以加速区域经济增长为目标，充分发挥企业、地方政府、高校及科研机构等区域创新行为主体的创新积极性，合理并有效地利用外资，优化配置区域内部和外部创新资源，进行知识创新与技术创新，并将创新成果转化为新产品、新工艺、新服务的能力。

（二）区域技术创新系统构成

Philip Nicholas Cooke（1992）提出区域创新系统的概念，区域创新系统主要是由在地理上相互分工与关联的生产企业、研究机构和高等教育机构等构成的区域性组织体系，这种体系支持并产生创新。Asheim & Isaksen（1997）进一步强调区域创新概念的流行，不只与区域创新政策的大量涌现有密切联系，还与产业竞争活跃区域的出现及全球范围内的区域性产业集群有密切联系。Autio（1998）阐述区域创新是基本的社会系统，由相互作用的子系统组成，组织和子系统内部之间互动产生了推动区域创新系统演化的知识流。

国内学者对于区域创新体系也进行了大量深入、系统的分析。胡志坚（1999）认为区域创新系统主要是由参与技术研发的企业和研究机构组成，而且政府也积极参与其中，市场中介服务组织适当介入涉及创造、储备及转让知识、技能的创新网络系统。顾新（2001）阐述区域创新系统是在一定范围内，将新的区域经济发展要素引入区域经济系统，更好地利用区域内经济资源，创造出更有效的资源配置方式，以实现新的系统功能，目的是推动产业结构升级，形成区域竞争优势，增强区域创新能力，促进区域经济跨越式发展。温新民（2002）概括区域技术创新体系是在一定区域范围内，应用技术创新要素和资源，使和技术创新有关的社会、科技及经济等部门及子系统之间相互作用、密切合作，产生技术创新乘数效应，并形成技术创新发展与运行机制。

区域技术创新系统的核心问题是如何界定区域技术创新主体。Wiig（1995）概括在区域技术创新系统中，创新主体主要包括进行创新产品生产供应的生产企业、进行创新知识与技术生产的研究机构、进行创新人才培养的教育机构、对创新活动进行金融约束与支持的金融机构、商业等创新服务机构以及政府机构等。颜晓峰（2000）认为，区域技术创新主体包括企业、科研机构、教育培训机构及中介服务机构等，但并不包括政府，主要原因是政府制定的制度、政策虽然会影响创新体系的运行，但这只是作为创新体系所处的环境起作用，并不是构成创新体系的决定因素，也不是创新体系的内生变量。

本研究在综合分析相关文献的基础上认为：

区域技术创新的主体是企业，其创新主体功能表现在：对先进技术进行应用性投资，将高等院校与科研机构开发的先进技术应用于各领域中，转化为生产力与效益；组织科研团队进行先进性技术研发。

制定技术创新制度的主体是政府，其功能主要是规制创新行为，发现并制定高效的行为制度与规则；运用行政权力协调相互之间的关系，化解各主体间的利益纠纷；营造良好的氛围，提供资源共享平台，弥补市场可能会出现的失灵。

创新的主要发源地是科研机构和高校，高校的创新功能是传播知识，培养人才，进行科技成果开发和知识创新。

在封闭经济环境中，区域创新主体涉及的要素主要是上述几项，但是，随着中国对外开放程度不断地增加，区域经济开放程度逐渐深化，外资进入规模越来越大，这些因素也将对区域创新发挥作用。因此，区域创新系统的分析中应考虑到对外开放水平这个变量。同时，中国省份众多，各省、自治区、直辖市的经济发展水平、风俗习惯、社会文化等都具有很强的地域性特征，各区域的经济环境及制度环境差异巨大，这些因素对区域创新能力都会产生影响。良好的创新环境既包括资金和设备等为主要内容的硬环境，也包括法规、政策等为主要内容的软环境[1]。也就是说，既能够整合创新资源，促进区域经济快速发展，又能够提高当地经济的竞争力，提供其产业结构调整的技术支持，以形成规模经济效应（张宗益，2008）。故，创新环境对于区域技术创新效率产生的影响巨大，良好的创新环境有助于提高区域技术创新效率，促进地区经济健康发展。

综上，区域技术创新系统由五大部分构成，分别是政府、科研机构、企业、技术创新环境及对外开放水平，如图 5-5 所示。

---

[1] 向清华，赵建吉 . 区域创新环境研究综述 [J]. 科技管理研究，2010: 7.

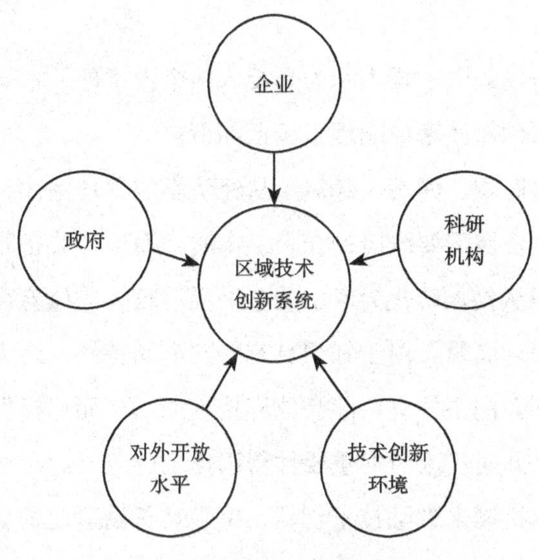

图5-5 区域技术创新系统结构

（三）区域维度装备制造业技术创新效率影响因素

首先，区域维度装备制造业技术创新过程中，新知识产生的必需因素是研发资本投入和研发人员投入。研发资本投入对于区域技术创新产出具有显著的促进作用（Pavitt & Wald，1987），但是有一个问题必须引起关注，研发资本投入指标在很多文献中都是以当期研发支出值来表示，技术创新的过程由于具有显著连续性，造成研发资本投入会贬值。更准确的方法是运用折旧累积后的研发资本存量来表示，而不是采用当期研发资本流量值[1]。关于研发的人员投入，学者们的观点比较一致，都认为研发人员的投入和区域技术创新产出之间呈正相关（张艳艳，2010）。但目前多数文献都未能将研发人员投入纳入考虑范围，尤其是科技活动人员的投入水平。而在实际技术创新活动中，研发人员发挥的巨大作用有目共睹。因此，非常有必要将研发人员投入与研发资本投入放在同样重要的

[1] 此处的处理方法和产业维度测算 *R&D* 资本存量方法相同，也是利用永续盘存法。

位置。

其次，除研发的资本投入和人员投入两个因素外，本研究对区域维度装备制造业技术创新效率影响因素概括如下：

第一，政府影响。闻媛（2004）从经济学的视角阐述，由于市场存在缺陷，所以产业发展需要政府的介入。本质上而言，装备制造业技术创新过程是技术知识从投入转化为产出的全过程。较大的风险存在于装备制造技术创新过程中，同时，由于知识具有公共产品特性，因为恐惧失败的风险，导致技术创新的主体有可能会放弃技术创新，而选择更加保守的方法进行生产活动。此时，政府的重要性得以体现，政府运用适当的激励机制和风险转移补偿机制来鼓励技术创新，提高装备制造业的整体竞争力。因此，本研究主要选取两个指标来具体度量政府因素对于区域维度装备制造业技术创新的影响，分别是科技经费占财政经费比重和教育经费占财政经费比重。

第二，对外开放水平。学术界探讨*FDI*对东道国技术溢出效应主要存在促进论（Driffield，2001；Dimelis & Louri，2002）、中性论（Kathuria，2000；Harris & Robinson, 2004）和抑制论（Djankov & Hoekman，2000；Konings, 2001）三种观点。本研究认为在开放条件下，区域维度装备制造业技术创新主要包含两方面内容：首先，*FDI*对区域维度装备制造业技术创新效率的溢出效应；其次，区域的进出口状况对于该区域装备制造业技术创新的影响机制。基于此，本研究主要选取了区域*FDI*总量和进出口总量两个指标来具体度量开放条件下，区域维度装备制造业技术创新效率的影响机制。

第三，技术创新环境。外部环境的好与坏，决定着区域维度装备制造业技术创新活动能否顺利开展，决定着创新成果能否快速实现产业化。学术界关于技术创新环境的认识不尽相同。Mai1lat（1998）总结了技术创新环境的基本特征是：创新环境是本地化的一种网络结构，创新环境是内部创新和外部学习的结合，创新环境具有动态性。盖文启（2002）认为区域创新环境应该包括两个方面，分别是静态环境和动态环境[1]。基于此，本研究主要选取了区域人均 GDP 和区域技术市场交易额作为衡量区域维度装备制造业技术创新效率的环境指标。

综上，本研究认为，区域维度装备制造业技术创新效率的影响因素包括：研发资本和人员、政府影响、对外开放水平及技术创新环境，如图 5-6 所示。

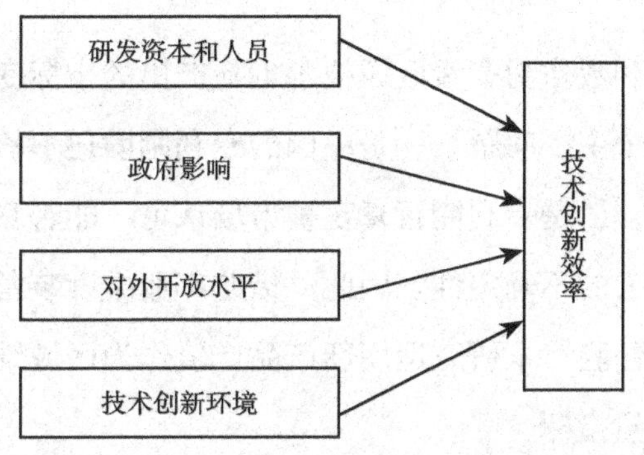

图5-6　区域维度技术创新效率影响因素

（四）区域维度装备制造业技术创新效率影响因素模型构

基于上文的分析，本研究将区域维度装备制造业技术创新效率影响因素模型设定如下：

$$Y = f\ (R\&D, RDP, GOV, FDI, ENV, \varepsilon) \qquad (5\text{-}11)$$

在模型（5-11）中，Y 表示区域维度装备制造业的技术创新产出。目前，学术界对于区域维度技术创新产出变量的选取尚未达成统一认识。通过总结现有文献，发现很多学者运用专利数作为衡量技术创新产出的指

[1] 静态环境是促进区域内行为主体不断进行技术创新的区域环境；动态环境是进一步促进区域内创新活动的发生和创新绩效。

标变量。专利包括三种：外观设计专利、实用新型专利和发明专利。Acs（2002）认为，虽然运用专利授权来衡量区域创新能力存在一定的片面性，但是，由于数据的获取相对比较容易，并且专利和创新确实存在密切关系，因此，专利可以作为衡量创新活动的相对可靠指标。比较以上三种专利指标，发明专利作为衡量区域技术创新产出水平的指标最为妥当（刘凤朝,2006），因为发明专利的技术含量高且申请量很少受到专利授权机构审查能力的约束，所以发明专利更能客观地反映出区域的原始创新能力与科技综合实力。

虽然运用专利数作为衡量区域技术创新产出的指标变量已经被广泛使用，但仍存在两个主要问题：一是中国的专利制度还不够完善，并且目前仍处于起步阶段；二是专利能否真正被市场认可、能否真正转化为现实的商品，还存在很大的不确定性。因此，借鉴产业维度装备制造业技术创新产出变量的选取经验，本研究运用新产品产值作为区域维度装备制造业技术创新产出的衡量指标。

在模型（5-11）中,$f(x)$ 表示影响区域维度装备制造业技术创新的函数集合，*R&D* 表示区域维度装备制造业技术创新过程中的研发资本投入，*RDP* 表示区域维度装备制造业技术创新过程中的研发人员投入,*GOV* 表示在装备制造业发展过程中政府因素对区域维度装备制造业技术创新效率的影响,*FDI* 表示外资进入对区域维度装备制造业技术创新效率的溢出效应，*ENV* 表示区域创新环境对区域维度装备制造业技术创新效率的影响，ε 是随机误差项。

基于 Griches（1990）、Acs（2002）、Jaff（2000）的逻辑框架，技术创新过程处于特定区域创新环境中，同时，在一定的政策法规和外资影响下促进新知识产生，模型设定如下：

$$Y_{it} = A_{it} RD_{it}^{\alpha_1} RDP_{it}^{\alpha_2} \quad (5\text{-}12)$$

在模型（5-12）中，Y_{it}表示 i 产业第 t 年的技术创新产出水平，RD_{it}表示研发资本，RDP_{it}表示研发人员人数，A 表示影响区域维度装备制造业技术创新效率的其他因素。如前所述，假设区域维度装备制造业技术创新效率的其他影响因素为：政府因素、对外开放水平及区域创新环境。所以，将 A 进一步假设为：

$$A_{it}=\lambda e^{f(GOV_{it},FDI_{it},ENV_{it})+\varepsilon_{it}} \tag{5-13}$$

在模型（5-13）中，λ 是常数项，ε_{it} 是随机误差项，GOV 表示政府因素，用科技经费占财政经费比重（FTE）和教育经费占财政经费比重（FED）来具体衡量。FDI 表示对外开放水平，用区域外商直接投资总额（FDI）和区域进出口总额（IEP）来具体衡量。ENV 表示技术创新环境，用人均 GDP（$PGDP$）和区域技术市场交易额（TEC）来具体衡量。将这些具体变量代入模型（5-13）后得到模型（5-14）：

$$A_{it}=\lambda e^{f(FTE_{it},FED_{it},FDI_{it},IEP_{it},PGDP_{it},TEC_{it})+\varepsilon_{it}} \tag{5-14}$$

将模型（5-14）代入模型（5-12）中，并两边取对数，得到：

$$f(x)=\alpha_1\ln RD_{it}+\alpha_2\ln RDP_{it}+\alpha_3\ln FTE_{it}+\alpha_4\ln FED_{it}+\alpha_5\ln FDI_{it}+\alpha_6\ln IEP_{iit}+\alpha_7\ln PGDP_{it}+\alpha_8\ln TEC_{it}+\varepsilon_{it} \tag{5-15}$$

模型（5-15）是区域维度装备制造业技术创新效率影响因素模型的总体回归方程。

三、两个维度之间的关系

同一区域拥有不同的产业，为实现本区域的战略发展目标会要求不同产业技术创新与其相适应。同一产业出现在不同区域，对不同区域经济发展产生不同的影响，直接或间接地关系着区域竞争力的强弱。由此可见，产业和区域的关系必然是互相协调，共同发展。

（一）两个维度交叉形成集群创新

当产业维度技术创新和区域维度技术创新交叉考虑时，会产生集群创新，体现为协同效应[1]。熊彼特曾阐述："创新不是孤立的事件，不是在时间上均分布的，而是趋于结成集群，…… 创新不是随意、均匀分布于整个经济系统之中，而是趋于在某些部门及其周围环境中聚集。"[2] 集群创新对装备制造业技术创新发挥重要作用。

第一，装备制造业相对于其他产业而言，生产周期较长且具有一定的复杂性，其在技术的深度和广度上有严格的要求，主要表现为"木桶效应"原则。整个生产过程受到每一个技术细节的影响。然而，装备制造业是跨学科、跨领域的产业，涉及多个部门，需要多种技术合作。因此，集群技术创新能力对装备制造业而言是非常重要的。

第二，装备制造业的生产系统构成中包含很多要素，并且各要素紧密联系在一起，形成统一控制与管理的复杂单元构架。这就使装备制造业的生产过程被分解成多个模块，每个模块既相互联系，又相互独立。但每个模块的技术要求又不完全相同。因此，必须依赖多种不同技术，才能提升整个生产创造的水平，使集群创新的重要性得以显现。

第三，有别于其他产业，装备制造业的产品生产是与产品研发同步进行的。另外，在某些特殊的装备制造业，如专用设备制造业，产品不是进行大批量生产，而是进行小规模的定制生产。并且，在这些特殊的不具备规模效应的装备制造业，其产品往往在定制中直接交付使用。此时，通过产业维度和区域维度形成合力，更有利于装备制造业技术创新。

（二）两个维度互补政策环境和支撑结构

装备制造业技术创新与所处环境之间的关系极其密切，技术创新受制

---

❶ 创新的特性之一是在一定时间和空间成群出现。

❷ 详见《经济发展理论》。

于政策环境和支撑结构。无论是产业维度技术创新，还是区域维度技术创新，政府的组织功能越来越重要，体现为完善研发体系、教育体系及资本市场，部门之间的知识共享、信息交流及中介服务机构的作用，表现为完善市场环境和政策制度，并以宏观经济调控手段作为辅助，来促进装备制造业逐步完善增加对研发的投入，以及自身的技术创新机制，理顺其涉及的知识流程。

装备制造业技术创新活动直接处于所在的产业技术创新系统和区域技术创新系统中，产业和区域内的各类部门、研究院所、大学及中介机构等，都对技术创新的过程和行为产生影响，这些影响既包括推动技术创新的正面影响，也包含阻碍技术创新的负面影响。产业和区域内部门机构之间的互动作用，各种力量之间此消彼长，不平衡发展所带来的动态变化造成技术创新环境的动荡，使装备制造业技术创新的战略拟订和管理变得更加复杂。

随着科学技术，特别是高技术的迅猛发展，技术创新越来越难。重大技术创新的规模已经超出实验室范围，成为整个产业乃至多个区域的重大科技活动。政府介入使影响技术创新的因素变得多且复杂，这些因素主要包括：政府的政策与制度规定、企业与大学的能力、市场的压力与激励等。政府在技术创新中所发挥的作用越来越大，无论是在研发的支持、教育机构的加强、资金的拨款、人才的培训还是在产业与企业间的技术协作等方面均起关键性作用。

（三）两个维度共同整合资源平台

产业技术创新系统和区域技术创新系统都属于自组织系统[1]，产业集

---

[1] Haken（1997）把自组织系统定义为：如果系统在获得空间的、时间的或功能的结构过程中，没有外界的特定干预，我们便说系统是自组织的。这里的“特定”一词是指那种结构和功能并非外界强加给系统的，而且外界是以非特定的方式作用于系统的。

群和集群创新是自组织系统的重要特征。产业集群和集群创新为装备制造业技术创新活动提供了整合资源、提高效率的平台和条件。

装备制造业技术创新是整合各类创新资源进行创新的复杂过程，创新资源包括资金、人才、信息、公共服务等。集成化、动态化和综合化已经成为装备制造业技术创新的趋势，产业集群为装备制造业技术创新提供了整合资源的平台。在资金方面，装备制造业技术创新所需的资金可以由专业化金融机构提供，同时，由于集群内社会网络的存在，装备制造业可以借助其优势地位相对容易地筹措到技术创新所需资金。在人才方面，产业集群内有提供人才供给的大学、科研机构、培训机构等，同时，集群本身对人才的强烈吸纳能力，形成专业化人才供给。另外，集群内可以共享基础设施、通信网络及配套的生产服务设施等有形资源，还可以共享信息、知识及品牌等无形资源，这些都大大提高了装备制造业技术创新效率。

鉴于技术创新的时空成群特性，更多的时候，集群创新发生在产业技术创新系统和区域技术创新系统的中观层面上。技术具有外部性和继承性，使基础科学研究成为技术创新的瓶颈。集群创新使创新集群的总体绩效大于单个创新活动经济绩效之和，这种聚合效应使集群式创新具有更高的创新效率。

此外，产业集群内激烈的竞争为技术创新提供了动力，随着参与者数量的增多而加剧，产业集群内和同一区域内聚集着同类或相似的装备制造业，竞争激烈程度不言而喻。所以，只有通过技术创新，才能获得竞争优势。

第六章
科技金融引领技术创新的实证研究

第一节 技术创新效率的测度方法

一般而言，技术创新效率的测度方法主要有两种，即前沿分析方法和非前沿分析方法。具体而言，前沿分析方法包括数据包络分析方法和随机前沿分析方法。非前沿分析方法包括回归分析方法和指数分析方法，如图 6-1 所示。

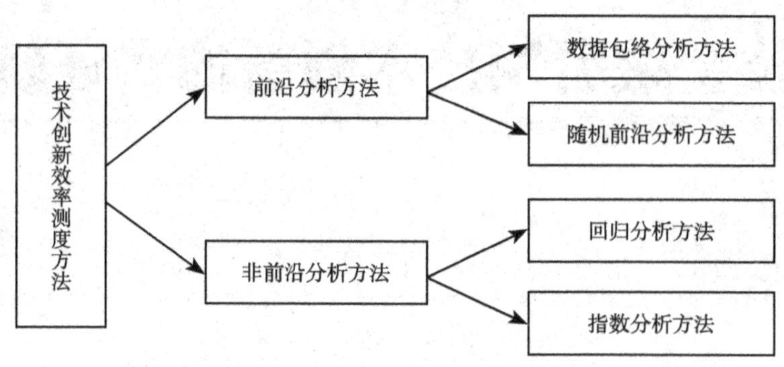

图6-1 技术创新效率测度方法

一、前沿分析方法（Frontier Analysis）

目前，前沿分析方法是技术创新效率测度较为常见的方法之一，具体过程是通过分析效率前沿单位与某一待考察单位之间的偏离程度，进而衡量待考察单位的效率值。前沿分析方法包括数据包络分析方法和随机前沿分析方法。

（一）数据包络分析法（Data Envelopment Analysis, DEA）

Michael Farren 在 1957 年研究英国农业生产力时，提出“包络思想”。

之后，A. Charnes & W. W. Cooper 在“相对效率评价”概念的基础上，结合运筹学的模型，将包络思想用于评价同类模型决策单元[1]，数据包络分析法是一种相对有效的系统分析方法[2]。

数据包络分析法是一种线性规划分析方法，是系统分析方法。数据包络分析法的优点是：不需要事先假定生产系统中投入与产出间关系的函数形式，而是运用线性规划分析方法，将所有决策单元的最低投入及最高产出当作生产边界，得到一个生产前沿面，此生产前沿面是所有生产可能性的集合，是“悬浮”于所有样本点的连续平面或不连续平面。如果此前沿面将所有的样本包含其中，则效率值最高。当某个决策单元位于生产前沿面上时，其效率值为 1，此时该决策单元为最有效率，表示该决策单元在投入不变时不能增加产出，或在产出不变时不能减少投入。当某个决策单元位于边界内时，其效率值介于 0 到 1 之间，此时该决策单元是无效率的，表示投入不变时可以增加产出，或产出不变时可以减少投入。

数据包络分析方法主要包括整体技术创新效率的 CCR 模型和分解评价技术创新效率的 C^2GS^2 模型。

CCR 模型表达式为：

$$\mathrm{Max} H_k = \frac{\sum U_r Y_{rk}}{\sum V_i X_{ik}} \tag{6-1}$$

其中 $U_r \geqslant 0$，$V_r \geqslant 0$，$r=1, 2 \cdots s$，$i=1, 2 \cdots m$。

S.T. $\dfrac{\sum U_r Y_{rk}}{\sum V_i X_{ik}} \leqslant 1$

[1] Decision Making Units，简称 DMU。

[2] 从生产函数角度看，这一模型是用来研究具有多个输入，特别是具有多个输出的“生产部门”，同时为“规模有效”与“技术有效”的十分理想且卓有成效的方法。

在模型（6-1）中，假设有 n 个决策单元，每个决策单元都有产出 s 种和投入 m 种。第 j 个决策单元的第 i 种投入总量用 X_{ij} 表示，第 j 个决策单元的第 r 种产出总量用 Y_{rj} 表示，第 j 个决策单元的第 r 种产出的加权值用 U_r 表示，第 k 个决策单元的技术创新效率值用 H_k 表示。

各决策单元的投入向量为 $X_j=(x_{1j}, x_{2j} \cdots x_{mj})^T$，产出向量为 $Y_j=(y_{1j}, y_{2j} \cdots y_{sj})^T$。

此式的可求解区间是多组非负权数组合，对第 k 个决策单元而言，数据包络分析法可以选一组权数使其技术创新效率值最大。但是，模型（6-1）的求解过程存在一定困难，所以，学者们又将模型（6-1）转换为线性模式：

$$\min \theta = V_D \tag{6-2}$$

S.T. $\sum \lambda_j X_j - S^- = \theta X_{j0}$

$\sum \lambda_j Y_j - S^+ = Y_{j0}$

$\lambda_j \geqslant 0$

$S^- \geqslant 0$

$S^+ \geqslant 0$

$j=1, 2 \cdots n$

在模型（6-2）中，λ_j 为 n 个决策单元的组合权重，$\sum \lambda_j X_j$ 为这种组合权重决策单元的投入向量，$\sum \lambda_j Y_j$ 为这种组合权重决策单元的产出向量，X_{j0} 为第 j_0 个决策单元的投入向量，Y_{j0} 为第 j_0 个决策单元的产出向量，S^- 和 S^+ 为投入和产出的松弛变量，也就是差额变数，S^- 表示投入多而浪费的量，S^+ 表示产出少而节约的量。

模型（6-2）又可分为以下四种情况进行讨论：

第一种，$V_D=1$，则第 j_0 个决策单元是弱 DEA 有效。

第二种，$V_D=1$ 且 $S^-=0$，$S^+=0$，则第 j_0 个决策单元是 DEA 有效。

第三种，$V_D<1$，则第 j_0 个决策单元是非 DEA 有效，且 V_D 值越小，

有效性越差。

第四种，$V_D=1$，但 S^- 和 S^+ 不全为 0，则第 j_0 个决策单元是弱 DEA 有效。

C^2GS^2 模型是在 CCR 模型的基础上，加上一个约束条件 $\sum\lambda_j=1$（$j=1, 2\cdots n$），则模型（6.2）分为以下三种情况进行讨论：

第一种，$V_D=\theta=1$，则第 j_0 个决策单元是弱 DEA 有效。

第二种，$V_D=\theta=1$ 且 $S^-=0, S^+=0$，则第 j_0 个决策单元是DEA有效。

第三种，$\theta<1$，则第 j_0 个决策单元是非 DEA 有效。

（二）随机前沿分析方法（Stochastic Frontier Approach，SFA）

随机前沿分析方法（SFA）是一种常用的参数分析方法[1]，随机前沿分析方法的基本思路是通过确定利润和成本的函数形式，以及确定包括投入、产出和环境的生产关系，而且需要考虑到随机误差。根据投入和产出，采用回归分析方法估计函数表达式中的各个参数，并得出技术创新效率。随机前沿分析法主要适用于测度单产出且多投入的技术创新效率。随机前沿分析法的优点是不受随机误差项的影响，缺点是必须事先估计出生产函数形式，从而可能因错误地估计了生产函数形式而导致分析最终失败。

随机前沿分析法的模型表达式为：

$$y=f(x,\beta)\exp(v-\mu) \tag{6-3}$$

在模型（6-3）中，y 表示产出，x 表示矢量投入，β 表示待定矢量参数，$v-\mu$ 表示误差项，其中 v 服从 $N(0, \sigma_v^2)$ 分布，$\mu\geqslant0$ 且表示个体冲击。所以，技术创新效率则用 $TE=\exp(-\mu)$ 表示。当 $\mu=0$ 时，$y=f(x,\beta)\exp(v)$ 表示处于生产前沿面之上；当 $\mu>0$ 时，表示处于生

[1] SFA 方法由 Meeusen，Vanden Broeck，Aigner，Lovell，Schmidt 等学者提出，对模型中的误差项进行了区分，提高了技术创新效率测定的精度。

产前沿面之下，即处于非技术创新效率状态。

在技术创新效率的研究方法中，此模型被广泛应用，并且被众多学者拓展，其中最具代表性的拓展模型是 Battese & Coelli，简称 BC 模型。根据研究时间的差异，BC 模型分为 BC（1992）模型和 BC（1995）模型。

BC（1992）模型的相关假设为：

$$y_i = x_i\beta + (v_i - \mu_i) \quad i=1, 2 \cdots N \tag{6-4}$$

在模型（6-4）中，N 表示样本的数目，x_i 表示第 i 个样本的投入量，y_i 表示第 i 个样本的产出量，β 表示待定参数向量，v_i 和 μ_i 表示误差项，且互相独立，其中，v_i 为随机游走变量，服从正态分布 $N(0, \sigma_v^2)$，μ_i 为非负随机变量，服从正态分布 $N(0, \sigma_v^2)$ 的正半部。

BC(1992）模型还假设了一个参数 $r = \dfrac{\sigma_\mu^2}{\sigma_\mu^2 + \sigma_v^2}$，当 $r \neq 0$ 时，样本中具有非效率，此时可以使用随机前沿方法进行分析；当 $r = 0$ 时，即 $\sigma_\mu^2 = 0$，此样本中没有非效率，此时可以使用最小二乘法进行分析。

BC（1995）模型假设如下：

$$y_{it} = x_{it}\beta + (v_{it} - \mu_{it}) \quad i=1, 2 \cdots N;\ t=1, 2 \cdots T \tag{6-5}$$

$$m_{it} = Z_{it}\delta \tag{6-6}$$

在模型（6-5）中，x_{it} 表示第 i 个样本的投入量，y_{it} 表示第 i 个样本的产出量，β 表示待定参数向量，v_{it} 和 μ_{it} 表示误差项，且互相独立，其中，v_{it} 为随机游走变量，服从正态分布 $N(0, \sigma_v^2)$，μ_{it} 为服从 $N(m_{it}, \sigma_v^2)$ 的非负截断性正态分布。

在模型（6-6）中，Z_{it} 为一组用来解释个体效率差异的实际因素变量，δ 为一组待估计参数。

BC（1995）模型与 BC（1992）模型相比较而言，进步之处是：样本整体的平均技术创新效率可以由 BC（1992）模型计算出来。但是，BC（1992）模型无法解释样本中个体技术创新效率差异，因此，不能解释技术创新效率存在差异的根本原因。正是基于这一点，BC（1995）模型能够弥补这个不足。

（三）DEA 和 SFA 的比较

在测度技术创新效率时，DEA 和 SFA 都是主流的分析方法，被广大学者所采用，很难说哪种方法更胜一筹。至于到底采用哪种方法，要根据所研究问题的实际要求和条件而选择。DEA 采用的是数学规划方法，SFA 采用的是经济计量方法，这两种方法的主要区别是：

第一，DEA 在计算技术创新效率时，无论是单产品还是多产品，模型几乎没有变化；SFA 在计算单产品模型时会比较直观，而在描述多产品模型时则比较复杂。所以，在处理多产品模型时，DEA 比 SFA 更具优势。

第二，SFA 在使用时需要假设生产函数形式和使用条件，但在实际中，有时无法假设生产函数或假设的使用条件过于苛刻，以至于无法采用 SFA 方法。此时，DEA 更具优势，因为 DEA 不需要预先估计参数，也不需要确定各指标的权数，这样就避免了主观因素的存在。

第三，SFA 建立的随机前沿模型，前沿面随样本点变动，避免了统计误差对技术创新效率的影响，而且将不可控因素剔除，使结果更接近真实值。DEA 忽略了样本之间的差异，同时其前沿面是不变的，将不可控因素和统计误差都归结为非效率，结果的真实度受此影响。所以，从这点来说，SFA 比 DEA 更具优势。

第四，SFA 以概率分布的观点对待样本，并利用估计的结果对模型进行检验，这具有统计的特征。而 DEA 是一种数学方法，不能对模型进行检验，不具备统计的特征。因此，从这一角度看，SFA 比 DEA 更具优势。

二、非前沿分析方法（Non-frontier Analysis）

在测度技术创新效率方法中，另一种比较常用的方法就是非前沿分析方法。非前沿分析方法包括参数法和非参数法两种，参数法主要指回归分析方法，非参数法主要指指数分析方法。

（一）回归分析方法（Regression Analysis）

用回归分析方法测度技术创新效率，最大的优点是简单易行。因为回归分析方法是一种统计学的分析数据方法，目的在于了解两个或多个变量间是否相关、相关方向与强度，并建立数学模型以便观察特定变量来预测研究者的目标变量。按照因变量和自变量之间的关系，回归分析方法分为线性回归分析和非线性回归分析。按照涉及自变量的多少，回归分析方法分为一元回归和多元回归。

在计算技术创新效率时，常用的方法是多元线性回归模型，模型表达式为：

$$Y = \beta_0 + \beta_1 X_1 + \beta_2 X_2 + \cdots + \beta_k X_k + \mu \quad (6\text{-}7)$$

在模型（6-7）中，Y 表示被解释变量，X 表示解释标量，β 表示未知参数，μ 表示随机误差项。

采用回归分析方法测度技术创新效率具有很多优点：在分析多因素模型时，回归分析方法更加方便、简单。而且，采用相同的数据和模型，再经过标准的方法，计算得到的结果具有唯一性。另外，回归分析方法还能够准确地计量出各个因素之间的回归拟合程度及相关程度，提高了估计方程式的效果。而且，在实际问题中，一个变量仅受单个因素影响的情况极少，要注意模式的适合范围。多元回归分析方法比较适用于实际经济问题，在受多因素综合影响时使用。

当然，回归分析方法也有一些缺点，例如，选用何种变量以及变量的表达式只是一种推测，存在判断错误的风险。另外，此方法需要掌握大量数据，如果数据的数量和规模达不到一定标准，会影响分析结果的准确性。

（二）指数分析方法（Ratio Analysis）

采用指数分析方法测度技术创新效率，主要是运用距离函数来描述无须说明具体行为标准的多个输入和输出变量的技术创新效率。当既定输出变量矩阵时，定义输出距离函数为输入变量矩阵的最小比例项；当既定输入变量矩阵时，定义输入距离函数为输出变量矩阵的最优比例项。指数分析方法的模型表达式为：

$$M_0\left(x_{t+1},y_{t+1},x_t,y_t\right)=\left[\frac{d_0^t\left(x_{t+1},y_{t+1}\right)}{d_0^t\left(x_t,y_t\right)}\times\frac{d_0^{t+1}\left(x_{t+1},y_{t+1}\right)}{d_0^{t+1}\left(x_t,y_t\right)}\right]^{\frac{1}{2}} \tag{6-8}$$

在模型（6-8）中，x_{t+1} 表示 $t+1$ 期的投入向量，y_{t+1} 表示 $t+1$ 期的产出向量，x_t 表示 t 期的投入向量，y_t 表示 t 期的产出向量，d_0^t 表示 t 期距离函数，d_0^{t+1} 表示 $t+1$ 期距离函数。

以 t 期技术 T^t 为参照，产出角度的指数模型表达式为：

$$M_0^t\left(x_{t+1},y_{t+1},x_t,y_t\right)=\frac{d_0^t\left(x_{t+1},y_{t+1}\right)}{d_0^t\left(x_t,y_t\right)} \tag{6-9}$$

在测度技术创新效率时，采用指数分析方法不需要相关价格信息，而且不需要假设经济均衡，此时理论假设的约束则可避免。大多数情况下，投入要素和产出要素的价格比较难获取，且需要平减，否则会影响实证结论的准确性。相比较而言，投入和产出的数量比较容易获得，这一点对实证分析而言是非常重要的。

早期的研究者采用指数分析方法来计算技术创新效率，即采用产出与投入的比例关系来表示投入产出的绝对效率的高低。该方法的优点是方便、简单，但缺点是通过投入和产出的单指标来测算技术创新效率，无法反映技术创新效率的全部实质。

第二节　变量的选取及处理

一、变量的选取

为了研究不同的科技金融主体对技术创新效率的影响，本文选取包含2007～2016年全国30个省市的面板数据，将科技创新效率值作为被解释变量，科技金融的不同投入方式作为核心解释变量并加入控制变量构建面板模型进行研究。

（一）被解释变量

选取技术创新效率作为被解释变量，用Y表示。

（二）解释变量

根据上一章的分析，选取以下因素作为解释变量。

政府财政科技支出，用GOVERNMENT表示，缩写为G。银行金融机构各项贷款，用BANK表示，缩写为B。风险投资，用VENTURE表示，缩写为V。股票市场筹资，用STOCK表示，缩写为S。债券市场筹资，用BOND表示，缩写为B'。保险机构保费，用INSURANCE表示，缩写为I。

除以上因素之外，由于本文的研究对象是装备制造业，还应该把装备制造业的相关因素也考虑进去。选取如下具有代表性的因素。

科研人员数量，用*R&D*表示。主营业务收入，用*MBI*表示。外商直接投资金额，用*FDI*表示。

二、数据的处理

本节数据主要采用2004～2016年《中国工业经济年鉴》《中国统计年鉴》及“中国经济与社会发展统计数据库”等相关资源，统计口径包括所选定的具体行业是装备制造业包含的7个行业。

数据以2004年作为基年，用GDP平减指数对以上各项数据进行平减，分别得出各年的平减指数。

依据《中国工业经济年鉴》《中国统计年鉴》及“中国经济与社会发展统计数据库”等相关资源，对各指标数据进行整理，得到各变量数据的统计描述，如表6-1所示。

表6-1 面板模型变量数据统计描述

Variable	Mean	Max	Min	Std. Dev.
Y	1.06	9.02	0.21	1.10
G（亿元）	57.95	549.87	2.47	67.69
B（亿元）	15689.61	83860.26	876.05	14839.29
V（万元）	218018.47	5058916.81	0.00	558167.76
S（亿元）	236.82	3098.45	1.28	427.06
B′（亿元）	979.07	17924.50	0.00	2157.83
I（亿元）	396.28	2361.06	9.86	368.97
R&D（人）	95183.84	541890.21	1289.03	108943.02
*MB*I（亿元）	2487.60	28109.28	10.07	4599.84
FDI（万元）	34291.07	17729474.20	7428.56	3904377.12

从上表描述性统计结果可以看出，科技金融的不同投入方式在近些年发生了翻天覆地的变化和增长，同时我国不同省份之间在银行、风险投

资、股票筹资额以及债券筹资额的资金投入方面也有很大差距，从中可以看出我国各地科技金融发展水平及科技创新效率的发展参差不齐，尤其是风险投资地区间的不平衡性凸显，最大值达到数万亿元，最小值甚至可以为零投资。

第三节　实证分析及结果比较

一、静态面板模型实证分析

由于中国各省、市或地区在科技金融投入和科技创新产出方面存在差异，并且科技创新存在一定的周期，科技产出会比投入滞后一定时间，参考国内外相关文献，以一年为准，采用滞后一期的面板数据模型：

$$\begin{aligned}Y_{it} = C_i + \alpha_1 G_{it-1} + \alpha_2 B_{it-1} + \alpha_3 V_{it-1} + \alpha_4 S_{it-1} + \alpha_5 B'_{it-1}\\ + \alpha_6 I_{it-1} + \alpha_7 R\&D_{it-1} + \alpha_8 FDI_{it-1} + \alpha_9 MBI_{it-1} + \mu_{it}\end{aligned} \tag{6-10}$$

在模型（6-10）中，i 表示不同的省份，t 表示年份，t-1 表示滞后一期，μ_{it} 表示随机扰动项。经过计算，结果如表 6-2 所示。

表6-2　静态面板模型参数估计结果

变量	系数	T 值	P 值
Y	0.0977***	28.0126	0.0000
G	0.0312**	2.4908	0.0112
B	−0.0167***	−2.7885	0.0041
V	0.3001***	3.4005	0.0007

续表

变量	系数	*T* 值	*P* 值
S	0.0691	1.0101	0.2673
B′	0.7139***	9.1034	0.0000
I	−0.2198**	−2.3897	0.0152
R&D	0.2791***	2.8396	0.0043
MBI	0.2779***	2.7691	0.0057
FDI	0.0031	0.3668	0.7007

备注：*、**、*** 分别表示在 10%、5%、1% 水平上显著。

由表 6-2 可以分析得出以下结论：

所有参数中，除 *S* 和 *FDI* 外，其他解释变量和被解释变量的 *P* 值均小于 5%，这表明在 5% 的显著性水平下通过检验，具有较强的解释能力。

具体而言，政府财政科技支出（*G*），风险投资（*V*），债券市场筹资（*B′*），科研人员数量（*R&D*）和主营业务收入（*MBI*）对技术创新效率的发展具有显著的正向作用。但是，银行金融机构各项贷款（*B*）和保险机构保费（*I*）对技术创新效率具有显著的负向作用。结合表中的数字，我们可以知道，政府财政科技支出（*G*）每增加投入 1%，技术创新效率值提高 0.0312 个百分点，风险投资（*V*）每增加投入 1%，技术创新效率值提高 0.3001 个百分点，债券市场筹资（*B′*）每增加投入 1%，技术创新效率值提高 0.7139 个百分点，科研人员数量（*R&D*）每增加投入 1%，技术创新效率值提高 0.2791 个百分点，主营业务收入（*MBI*）每增加投入 1%，技术创新效率值提高 0.2779 个百分点，银行金融机构各项贷款（*B*）每增加投入 1%，技术创新效率值下降 0.0167 个百分点，保险机构保费（*I*）每增加投入 1%，技术创新效率值下降 0.2198 个百分点。

二、动态面板模型实证分析

一般而言，固定效应模型虽然可以在一定程度上去除静态面板模型中的个体异质性，但静态面板模型无法解决变量内生性问题，且仅能描述短期内科技金融投入与技术创新效率的因果关系。因此，在全国静态面板模型基础上，将被解释变量的前一期滞后项引入解释变量，构建动态面板模型。将回归模型进一步修正为：

$$\begin{aligned}\ln Y_{it} &= C'_i + \alpha'_1 G_{it-1} + \alpha'_2 B_{it-1} + \alpha'_3 V_{it-1} + \alpha'_4 S_{it-1} + \alpha'_5 B'_{it-1} \\ &+ \alpha'_6 I_{it-1} + \alpha'_7 R\&D_{it-1} + \alpha'_8 FDI_{it-1} + \alpha'_9 MBI_{it-1} + \mu'_{it}\end{aligned} \quad (6-11)$$

在模型（6-11）中，i 表示不同的省份，t 表示年份，t-1 表示滞后一期，$\mu_{it'}$ 表示随机扰动项。经过计算，结果如表 6-3 所示。

表6-3　动态面板模型参数估计结果

变量	系数	T 值	P 值
Y（-1）	0.8394**	2.3971	0.0112
G	0.1268***	6.4792	0.0000
B	−0.2779***	−5.6893	0.0000
V	0.7413***	2.9475	0.0041
S	−0.2873***	−9.7801	0.0000
B'	0.5691***	9.9832	0.0000
I	1.5297	1.1083	0.2408
$R\&D$	0.6681	0.2275	0.8092

续表

变量	系数	*T* 值	*P* 值
MBI	0.2719*	1.7001	0.0946
FDI	0.0065	0.3722	0.7458

备注：*、**、*** 分别表示在 10%、5%、1% 水平上显著。

技术创新 *Y*（-1）的参数估计结果显著为正，其对技术创新的影响系数为 0.8394，这说明技术创新活动存在显著滞后性，具有连续性和惯性，并且其正向影响作用大于风险投资（*V*），债券市场筹资（*B′*），政府财政科技支出（*G*）对技术创新活动效率的积极影响。从金融投入的作用效果看，风险投资（*V*），债券市场筹资（*B′*）的影响系数较大，政府财政科技支出（*G*）的影响系数较小。银行金融机构各项贷款（*B*），股票市场筹资（*S*）对技术创新效率作用为负，主营业务收入（*MBI*）对技术创新效率具有正向影响。保险机构保费（*I*），科研人员数量（*R&D*），外商直接投资金额（*FDI*）未通过检验。

三、结果分析比较

财政科技经费投入对我国技术创新效率有正向影响。市场主体在面对那些需要巨额投资且对经济社会具有重大影响的技术创新研究和高风险轻资产的中小企业科技创新活动时是失灵的，此时需要政府对这种投资缺失进行财政支持和政策引导，使更多的社会资本向这些领域流入。因此，财政科技经费的有效投入可以提高地区科技创新的基础水平，促进我国技术创新效率，提高技术创新能力和水平。

银行贷款对我国技术创新效率影响作用为负。一方面，由于银行的风险偏好性，其科技贷款主要针对资质信用较好的大型企业，中小企业从银行取得科技贷款存在一定困难；另一方面，科技贷款与传统贷款存在较大差异，需要专业人员进行相应的贷前风险核算审查和贷后监管，我国目前科技贷款专业性人才欠缺，使很多地区的银行无法开展相关工作，科技贷款进程缓慢，效率低下。同时，创业风险投资、企业发行债券等融资方式为科技创新活动筹集资金开辟了新的路径，企业从银行获取科技贷款的需求在一定程度上被挤出。

风险投资金额对我国科技金融发展效率同样具有显著的正向作用。风险投资通过专业的运作为大量中小型科技企业提供资金支持，同时还为它们提供经营管理等咨询服务，这些都为企业顺利进行科技创新活动提供保障，增强了高新技术企业在市场中的竞争力，助推高新技术产业迅猛发展。

股票市场对我国技术创新影响为负，可从股票流动性的角度进行解释。由于民营企业的市场价值较小且股权相对分散，拥有的反并购手段较少，因而，股票流动性的提高往往会增加民营企业被收购的概率，且高股票流动性所带来的低交易成本使短期机构投资者可以在企业短期经营绩效下降时轻易退出。高股票流动性和管理层与投资者之间的信息不对称导致了企业的短视行为：当企业面临短期经营绩效较低、股价被低估或被收购问题时，管理层就会通过牺牲科技创新的长期投资来获取短期的经济收益支撑股价，迎合来自外部的短期预期收益，进而阻碍了企业技术创新水平的提高。

企业债券筹资额对我国技术创新发展效率也具有显著的正向作用。这是因为受股市扩容的限制，一些企业无法在股市上得到资金支持，同时依靠银行贷款和政策也有一定困难，此时发行债券吸纳闲散资金投入中小高科技企业，是解决这些企业筹资进行创新活动的重要条件。除此之外，发行债券可以优化现有的金融和资本结构，降低金融风险，同时可以使投资者加强对资本运用的监督，提高资本使用效率和透明度，这能促进整个科技金融资源的利用效率，对激励创新科研活动意义重大。

我国科技保险发展由于处于起步阶段，其对科技创新的正向影响效果尚未显现。现阶段，我国科技保险主要依靠政府保费补偿机制、税收优惠政策等进行推动发展，科技保险自身缺乏长效发展的动力。同时，科技保险产品由于缺乏数据支撑、产品自身的高风险性使得科技保险开发较慢，现有的险种结构单一，无法覆盖科技活动的各个方面，尚不能满足科技企业的全面需求，且承保人要面临巨大的经营成本和风险，导致提供保险的积极性不高。此外，企业自身对科技保险的认识不足，参保意愿不强。

R&D 人员全时当量未通过显著性检验，可能由于科研团队人员冗余，科研创新积极性不高，缺乏合理的激励机制或组织管理不善等原因，导致人员投入不能有效地促进科技创新的发展和科技成果的转化。

高技术产业主营业务收入对技术创新效率具有正向影响，这表明企业规模扩大能够促进技术创新。一方面，规模较大的企业通常具备雄厚的资金、更高的抗风险能力来进行技术创新，拉动产业转化升级；另一方面，企业通过兼并、重组等形式跨领域扩大规模，可以充分利用不同行业、不同地区之间的优势，分享企业的高技术水平和创新能力资源，通过技术溢出效应带动产业的创新与发展。

实际利用外商直接投资额的影响也不显著，这说明外商投资对我国技术创新的技术溢出效应不明显，外商投资资源在技术创新活动中并未得到合理的配置。在经济全球化的背景下，应当扩宽对外开放的广度和深度，营造更好的营商环境，提升外商投资的积极性，合理分配利用外资，加强技术引进消化吸收，充分激发外商直接投资对我国技术创新的溢出效应。

第七章

技术创新促进装备制造业转型升级的实证研究

第一节　产业维度的装备制造业技术创新效率分析

通过前几章分析装备制造业与技术创新的历史、现状及作用机理，得到的基本结论是：我国装备制造业总量与规模的发展呈上升趋势，但是，我国装备制造业整体技术创新水平滞后。增强技术创新是实现装备制造业良性发展的必经之路。同时，也是我国装备制造业提高技术创新水平的突破口。以上概述性分析只是从理论方面做出的统计性描述，因此，缺乏经验分析作为数理依据。本部分将利用数理模型，对我国装备制造业技术创新效率及其影响因素展开检验，以明确我国装备制造业发展是否存在技术创新效率低下问题？装备制造业内部各行业的技术创新效率水平如何？具有怎样的变化趋势？并依据所得结论，给出一些政策性建议，目的是提升我国装备制造业技术创新效率。

一、装备制造业技术创新效率实证分析

目前，我国的发展战略是提高技术水平，应对竞争激烈的国际环境。如前所述，装备制造业是技术创新的主阵地，近年来，由于缺乏技术创新而导致粗放型增长方式制约了我国装备制造业的国际竞争力进一步提高。本部分将对我国装备制造内资企业和外资企业的技术创新效率做出比较分析，这样有利于认清我国装备制造内资企业和外资企业的技术创新现状，并以此为依据，为提升我国装备制造业技术创新效率提供相应的政策性建议。

（一）模型构建及变量选取

相比较而言，随机前沿方法对前沿生产函数的估算是依据数据随机性假设，所以具有更坚实的理论基础，而且，还能够根据各种不同的统计检验值来判定模型是否具有适用性。因此，应用随机前沿方法比数据包络分析方法得到的估计效果会更好。

在Battese & Coelli模型基础上，本研究构建产业维度技术创新效率测度随机前沿生产函数模型如下：

$$\ln Y_{it} = b_0 + \alpha \ln RD_{it} + \beta \ln RDP_{it} + V_{it} - U_{it} \tag{7-1}$$

在模型（7-1）中，研发资本投入由RD表示，研发人员投入由RDP表示，行业由i表示，年份由t表示。b_0是常数项，研发资本的产出弹性由α表示，研发人员的产出弹性由β表示。方程随机误差项由$V_{it}-U_{it}$表示，系统中不可控因素冲击所致的随机误差量由V_{it}表示，且服从$N(0, \sigma_v^2)$正态分布，并且独立于U_{it}。U_{it}表示研发活动中的无效率项，服从结尾正态分布$N(M_{it}, \sigma_v^2)$。行业i在t时期研发活动的技术效率由$e^{-M_{it}}$表示，M_{it}值越大，表示技术效率越低。

在模型（7-1）中，Y表示新产品产值。在实证研究中，如何选取技术创新的投入指标和产出指标，目前尚未形成统一的定论。通过总结现有文献，可以发现衡量技术创新产出的指标主要有以下四种：

第一种，以投入替代产出。利用此方法的学者主要用*R&D*创新投入来近似表示创新产出，这样做的缺点是假设有投入就一定有产出，技术创新的投入和产出之间呈线性关系，并且忽视了研发投入所带来的风险投资，同时，也忽视了创新本身的投入产出效率。但是，此方法的优点简单、方便。

第二种，以全要素生产率替代创新产出。这样做的缺点是将创新产出扩大化，但优点是用技术进步概括了不能解释的全部投入要素。此方法之后被改良，将技术进步和技术创新效率相融合。吴延兵（2008）采用

C-D 生产函数，基于 1996 ～ 2003 年的省级面板数据，并将全要素生产率分解为国内技术引进、研发以及国外技术引进等，以此分析技术引进和自主研发对于生产率的影响。

第三种，用专利作为技术创新产出的衡量指标。自 20 世纪 70 年代开始，专利被广泛应用于度量创新产出水平的指标。Griliches（1990）阐述，专利不仅经过投资者的实际验证，而且通过专利局的检查，同时，专利还能够代表新技术的异质性，不同的技术阶段具有不同的详细数据。所以，专利作为衡量技术创新产出的度量指标具有众多优势。但是，专利指标也有其自身难以避免的缺点，例如，不是所有发明都能获得专利，不是所有创新都会申请专利，只是发明中的一部分才会申请专利。而且，专利的实际价值也是难以评估。不同时期、不同地区、不同产业的专利倾向性千差万别，到底是采取专利的方式来保护创新成果，还是采取商业秘密的方式来保护创新成果，取决于哪种方式更能防止竞争者模仿以及带来更大的收益。

第四种，用新产品产值作为衡量技术创新产出的度量指标。朱有为（2006）指出，专利只是简单地将研发投入转化为知识产出，因其仍然属于中间产出的范围，导致专利不能完全代表研发产出。相比较而言，新产品产值是容易测量的研发产出指标，能够反映出研发成果水平。同时，即使在产品质量、工艺流程等方面有所改进，但是其他研发效应的经济价值只能通过现实产品来得以体现。冯根福、刘军虎（2006）也认为衡量企业研发产出的指标选取新产品产值更为合理，因为新产品产值是一个增量，数据易于获得，并且新产品产值可以较为全面地体现研发活动的最终结果。

综上所述，在技术创新产出指标的选取问题上，本研究认为选用新产品产值作为衡量技术创新产出是最为恰当的。

在模型（7-1）中选取研发资本投入和研发人员投入作为变量，主要基于以下考虑：

在某种程度上，国家创新能力通过研发经费的投入量来反映。因此，必须保证适当规模的研发经费投入，而且，还必须处理好研发经费的内部结构问题，才能增强装备制造业的国际竞争力。陈旭（2006）研究发现基础性研究的边际贡献能力明显大于开发性研究和应用性研究的边际贡献能力，印证了装备制造业发展的先导和源泉是基础性研究。Peter J. Shery（2005）对研发资本存量与创新能力、公司创新绩效的影响进行实证研究，得出的结论是研发投资强度对公司技术创新能力与技术创新效率呈显著正相关。所以，充足的研发经费投入总量是提高装备制造业国际竞争力的重要保证。

除充足的研发经费投入之外，研发人员投入也是技术创新的重要源泉。Schultz（1962）提出人力资本同物质资本一样可以提供有价值的生产性服务，内生增长理论认为劳动者的受教育水平对最终产出有正向的影响，这是因为劳动者所拥有的技能可以产生外溢，不仅提高了自身的生产率，也提高了其他劳动者和物质资本的生产率，导致最终产出增加。由此可见，研发人员在推动装备制造业发展和知识的创造、扩散过程中，所起的作用非常重要，高水平的人力资源支持着装备制造业发展。当然，不能片面增加研发人员的数量，还需要通过利用适宜的激励机制，以提高科技人力资源的产出效率。

将模型（7-10）中的随机误差项细化，构建效率函数如下：

$$M_{it} = \lambda_0 + \lambda_1 S'_{it} + \lambda_2 MS_{it} + \lambda_3 AB_{it} + W_{it} \tag{7-2}$$

在模型（7-2）中，待估常数由 λ_0 表示，企业规模由 S' 表示，市场结构由 MS 表示，企业对引进技术的消化费用由 AB 表示，λ_1、λ_2、λ_3 是各个变量的对应影响系数。W_{it} 表示随机误差项，且假设其服从正态分布 $N(0, \sigma^2_w)$。

装备制造业技术创新影响因素，除研发资本投入和研发人员投入之外，本研究将技术创新效率影响因素主要概括为企业规模、市场结构和企业对于引进技术的消化吸收费用。之所以这样选取，理由是：

第一，关于企业规模。对于企业规模和技术创新效率之间的关系，学术界仍存在不同意见。Pavitt（1987）总结企业规模和技术创新效率之间的关系是"U 型"，所以，中等企业的技术创新效率最低。Chen & Chien（2004）阐述企业的技术创新效率具有规模经济性，大型企业由于具有成本分摊优势，能够增加研发回报，其技术创新效率得到提高。闫冰、冯根福（2005）的研究也认为拥有垄断力量的大企业，更可能因规模效益而拥有较高的技术创新效率。

19 世纪末期，西方工业革命之后，Marshall 提出了"规模经济理论"，大型机器设备被广泛地应用导致企业规模不断扩大，有利于更加先进的技术被企业使用，更加精细地专业化生产、协作分工。企业间生产经营的多样化和联合化，以及产品零部件的通用化和标准化，这些都有利于生成产业规模效应。

按照规模经济理论，大型企业在资金实力和技术等方面都具备一定实力，管理水平和人员素质也都很高，对其技术创新产生正向影响。中小型企业在开展研发活动时，会遇到资金瓶颈等问题。所以，中小型企业更愿意选择模仿大型企业已经打开市场销路的产品，使用大企业使用过的技术，而不是进行自主研发。

企业能否实现规模经济，往往取决于其自身产业供给规模是否与市场规模相吻合。这是因为市场规模的大小决定着产业的市场需求能力及市场销售状况，而且，产业的生产状况又被市场需求能力和市场销售状况所影响。因此，无论是产业供给规模大而市场规模小，还是产业供给规模小而市场规模大，都无法实现企业规模经济。规模经济企业的存在，减少了资源过度使用造成的资源浪费，减少了产业内部的过度竞争，增强了企业整合市场的能力。并且易于形成价格优势，阻止竞争对手进入，尤其是国外竞争对手的进入，容易对价格、产量等达成协议，具有较强的市场支配能力，但是，企业规模越大就越经济吗？答案当然是否定的。在企业规模逐步扩大之后，其内部运行机制的协调难度越来越大，其对市场的协调成本越来越高。同时指挥系统和管理体系越来越复杂，信息传送的速度越来越慢，导致管理效率不断下降，边际收益也逐渐下降，最终出现负值，即规模不经济。当然，企业规模过小，达不到行业要求的最低标准，是另一种规模不经济。

第二，关于市场结构。Schumpeter（1943）认为垄断与研发之间有密切的联系，高市场集中度的产业更有助于激励企业进行研发，更有利于技术创新。Arrow（1962）认为竞争是比垄断具有更强影响技术创新的因素，垄断只能造成静态福利损失并可能延缓技术进步，而市场竞争则会提高技术创新效率。Yi（1999）认为提高市场集中度有利于企业的技术创新。Eieher（1999）通过研究产品类别模型发现高科技产业产品市场的竞争有利于促进技术创新。朱有为、徐康宁（2006）的研究也表明市场竞争对中国产业的研发效率呈显著正相关。

市场结构是指资源配置在市场运行中呈现出来的组织分布状态，即市场的垄断和竞争关系，其反映了市场主体之间的特征和相互关系。

竞争和市场结构之间存在密切联系。产业的市场集中度高，有助于带动周边企业的竞争，激励企业开展研发。当然，产业的市场集中度高，也可能形成垄断，不利于市场竞争。

1959年，产业组织理论体系的创始人J. Bain阐述：垄断是较高市场集中度的必然产物。市场结构是企业规模、数量及相互关系。市场集中度、进入的壁垒、产品差别化程度、政府管制规模经济等因素能够反映影响这种数量比例关系。这些因素共同制约和引导着企业的各种市场行为[1]，而市场绩效决定着企业的市场行为。当企业长期拥有超额利润时，

[1] 包括价格行为、销售行为、产品行为、投资行为等。

则表明企业拥有垄断性价格；当企业拥有较高的技术创新效率时，则表明企业注重研发活动。

目前，中国的产业市场结构发展，主要是从资源配置的角度考虑，以促进市场集中度为目标。企业在产业链或地域上的集中，导致资源配置更容易被规模化和规范化。另外，科技创新逐渐降低了生产成本。从配置资源的角度而言，以此模式安排生产活动时，其边际成本最小。同时，合作与竞争近在咫尺，激励了企业提高合作与竞争意识，更有利于技术创新。

第三，关于引进技术的消化费用。Liu（2007）研究发现，外资企业的技术溢出效应在该行业更加显著的前提条件是本地企业具有较强的技术消化能力。纵观中国的内资企业，整体技术创新能力较低，目前主要是依靠引进消化吸收外来技术进行集成创新。因此，将引进技术消化费用作为衡量技术创新效率的指标之一，具有重要的现实意义。

对技术进步的研究在经济增长理论之中从未停歇，早期，柯布—道格拉斯生产函数就考虑到经济增长中技术创新所发挥的重要作用。中国学者对技术进步和经济增长之间的关系进行研究，得出的结论主要有：发达国家的制度较难模仿，相对而言，技术容易模仿。所以，落后国家往往对模仿发达国家的制度不够热衷，而将更多精力放在模仿发达国家的技术方面。这虽让落后国家在短期内经济增长速度有所增加，但给长期增长埋下了隐患，甚至有可能导致经济无法长期发展。因此，一个国家要想维持经济持续增长，就必须依靠技术创新。与发达国家相比较，发展中国家的产业结构水平、收入水平及技术发展水平存在较大差距，重视差距，加大引进技术的力度，加速发展中国家的技术升级。随着经济的发展，技术创新似乎越来越难，但技术和知识的传承性又让技术创新越来越容易，行业内领先者往往拥有更多的技术专利就证明了这一点。并且，现代增长理论普遍认为技术创新是经济长期发展的源泉，而技术创新的规模报酬递增是这一源泉不断驱动产业经济发展的根本保证。

（二）变量和数据的处理

本节数据主要采用2004～2016年《中国工业经济年鉴》《中国统计年鉴》及“中国经济与社会发展统计数据库”等相关资源，统计口径包括装备制造内资企业和外资企业。所选定的具体行业是装备制造业包含的7个行业。运用SFA分析方法对中国装备制造内资企业和外资企业的技术创新效率进行实证分析，以期得到我国装备制造内资企业和外资企业技术创新效率的差异及影响因素的差别。

根据上一章中总结的产业维度技术创新效率测度模型，以2004年作为基年，按照工业品出厂价格指数对新产品产值 Y 进行平减。本研究对 $R\&D$ 的处理方法，首先是对 $R\&D$ 进行平减。以往的文献对 $R\&D$ 价格指数的构成有很多方法，例如朱平芳（2003）将 $R\&D$ 价格指数设定为固定资产投资价格指数和消费者价格指数的加权平均值，其中，固定资产价格指数的权重为0.45，消费者价格指数的权重为0.55。依据已有的研究成果，本研究假设 $R\&D$ 价格指数 PR 为：

$$PR=\frac{P+W}{2} \tag{7-3}$$

在模型（7-3）中，固定资产投资价格指数由 P 表示，消费者价格指数由 W 表示，PR 表示 $R\&D$ 支出的一半是设备，另一半是劳动成本等。本研究效仿 Griliches(2000）的方法，对于 $R\&D$ 存量折旧率的计算，假设折旧率 δ 为15%，那么 $R\&D$ 存量表示为：

$$RD_{it}=(1-\delta)RD_{i(t-1)}+E_{it} \tag{7-4}$$

在模型（7-4）中，t 年时 i 产业经过平减后的 $R\&D$ 存量由 RD_{it} 表示，t 年时 i 产业经过平减后的 $R\&D$ 投入量由 E_{it} 表示。假设2004年为基年。效仿 Coe（1995）的方法，研发资本的增长率假设等于 E 的增长率，$RD_{i0}=\frac{E_{i0}}{g+\delta}$ 是 $R\&D$ 的初始值，Ed 年均增长率为 g。假设 $R\&D$ 投入的年增长率为10%。*RDP*采取*R&D*活动人员折合全时当量数值（人/年）。采用各行业平均企业规模表示企业规模SCALE指标数值，即以2004年不变价产值除以企业个数。市场结构*MS*采取各行业企业数量来表示行业竞争程度。

依据《中国工业经济年鉴》《中国统计年鉴》及“中国经济与社会发展统计数据库”等相关资源，对各指标数据进行整理，得到我国装备制造内资企业和外资企业的各变量数据的统计描述，如表7-1和表7-2所示。

表7-1　我国装备制造内资企业相关数据统计描述

Variable	Ln*Y*	Ln*RD*	Ln*RDP*	*S'*	*MS*	*AB*
Mean	15.702	13.951	10.190	8.369	0.034	3.831
Max	18.445	15.850	11.990	29.566	0.115	3.919
Min	12.806	11.799	7.957	2.029	0.089	0.018
Std. Dev.	1.523	1.173	1.021	5.625	0.022	7.655
Obs	91	91	91	91	91	91

表7-2　我国装备制造外资企业相关数据统计描述

Variable	Ln*Y*	Ln*RD*	Ln*RDP*	*S'*	*MS*	*AB*
Mean	15.562	13.374	9.341	7.516	0.068	2.969
Max	18.010	15.349	11.592	20.059	0.306	20.427
Min	12.795	10.675	6.525	1.643	0.012	0.023
Std. Dev.	1.509	1.246	1.095	4.819	0.066	4.845
Obs	91	91	91	91	91	91

（三）实证分析及结果比较

利用Frontier4.1软件，采用极大似然法估计模型（7-1）和模型（7-2），分别对中国装备制造内资企业和外资企业的2004～2016年面板数据进行分析。检验结果如表 7-3 和表 7-4 所示。其中，γ=0.8900，γ'=0.9900，*LR* 在 1% 的水平上显著，这表示明显的复合结构存在于模型（7-1）和模型（7-2）中的随机误差项。所以，使用随机前沿生产函数对我国装备制造业的面板数据进行分析是合理的、恰当的。

表7-3　我国装备制造内资企业实证检验结果

变量		系数	标准差	*T* 检验值
前沿生产函数	b_0	2.1337**	1.0002	2.1332
	α	0.0303***	0.0086	3.5169
	β	0.0039	0.0001	1.2915
技术无效函数	λ_0	−0.1754	1.0004	−0.1753
	λ_1	−2.5453***	0.8385	−3.0356
	λ_2	−0.2578***	0.0882	−2.9209
	λ_3	−0.8225	1.0059	−0.8177
	σ^2	0.1401*	0.1000	1.4012
	γ	0.8900*	0.0001	1.5803
单边 *LR* 检验	32.6253***			
平均效率	0.7041			

备注：*、**、*** 分别表示在 10%、5%、1% 水平上显著，*LR* 为似然比检验统计量，其符合混合卡方分布。

表7-4　我国装备制造外资企业实证检验结果

变量		系数	标准差	*T* 检验值
前沿生产函数	b_0'	2.8237***	0.9998	2.8241
	α'	0.5859***	0.9365	6.2566
	β'	0.0373*	0.0031	1.2008
技术无效函数	λ_0'	−0.0060	0.1000	−0.0700

续表

变量		系数	标准差	T 检验值
技术无效函数	λ_1'	−1.0047***	0.2423	−4.1467
	λ_2'	−0.2855*	0.0284	−1.0046
	λ_3'	−0.0225	0.1000	−0.0252
	σ'^2	0.6338***	0.1100	6.884
	γ'	0.9900***	0.0001	10.2015
单边 *LR* 检验	29.7263***			
平均效率	0.5723			

备注:*、**、*** 分别表示在 10%、5%、1% 水平上显著，*LR* 为似然比检验统计量，其符合混合卡方分布。

从表 7-3 和表 7-4，可以分析得出以下结论：

1. *R&D* 产出弹性分析

从 *R&D* 资本和人员两要素的产出弹性来看，$\alpha = 0.0303$，$\alpha' = 0.5859$，且都在 1% 的水平上显著。$\beta = 0.0039$。$\beta' = 0.0373$。这些数字的具体含义是：我国装备制造内资企业增加 1% 的 *R&D* 资本投入，新产品产值增加 0.0303个百分点，增加 1% 的 *R&D* 人员投入，新产品产值增加 0.0039 个百分点。我国装备制造外资企业增加 1% 的 *R&D* 资本投入，新产品产值增加 0.5859 个百分点，增加 1% 的 *R&D* 人员投入，新产品产值增加 0.0373 个百分点。通过对具体数字的分析可以发现，无论是 *R&D* 资本投入，还是 *R&D* 人员投入，我国装备制造外资企业的产出弹性均大于内资企业，也就是说，在同样投入的前提下，我国装备制造外资企业的产出大于内资企业。究其原因，缺乏持续内在推动力和长效激励机制，我国装备制造内资企业 *R&D* 投入受国家宏观政策影响较大，导致历年 *R&D* 资本投入的数额波动巨大。因此，对于提升我国装备制造内资企业的技术创新效率，*R&D* 投入所发挥的作用不及外资企业明显。

2. 企业规模与技术创新效率

表中 $\lambda_1 = -2.5453$，$\lambda_1' = -1.0047$，且都在 1% 的水平上显著，这表明无论是中国装备制造内资企业还是外资企业，技术创新效率与企业规模均呈显著正相关，这说明技术创新效率具有规模经济性。中国现行的资本市场和货币政策明显倾向于国有企业及大型企业，中小型企业自身研发投入的资金需求很难通过银行体系及资本市场得到满足，研发活动面临资金瓶颈。而且，较大风险性存在于装备制造业研发过程中，研发过程中含有较多的固定成本和沉没成本，研发周期较长。这就导致中小型企业一般会选择模仿行业内优势企业，而不是主动开展技术创新，导致其技术创新效率相对较低。

3. 市场结构与技术创新效率

表中 $\lambda_2 = -0.2578$，$\lambda_2' = -0.2855$，且系数均显著，这表明我国装备制造业随市场竞争程度的增加，内资企业和外资企业对产业技术创新效率都具有正向促进作用。其中，λ_2' 的绝对值大于 λ_2 的绝对值，这说明我国装备制造外资企业市场结构变量的影响更大。原因是，在市场竞争中，我国装备制造外资企业参与程度更为充分，市场竞争对研发和生产效率的提高具有促进作用。而我国装备制造内资企业的政府指导性和控制性更强，市场竞争对于中国装备制造内资企业技术创新效率的促进作用不及装备制造外资企业显著。回顾前文的假设，采用了企业数量表示市场结构变量，也就是说，行业中的企业数越多，就越有利于提高技术创新效率。所以，本研究认为，在我国装备制造业发展过程中，相对充分的市场竞争和较大的企业规模，都会促进该产业技术创新效率的提高。

4. 企业消化吸收费用与技术创新效率

表中 λ_3=−0.8225，λ_3'=−0.0225，但系数不显著，说明我国装备制造业中，引进消化吸收经费投入对于技术创新效率具有正向促进作用，且在我国，这一作用效果装备制造内资企业比外资企业更大。这一结论与我国装备制造业发展现状相吻合。目前，在我国装备制造内资企业中技术创新的比重仍然不高，关键性技术需要引进或购买，企业技术创新的关键是对技术的引进消化吸收。而我国装备制造外资企业的技术创新能力较强，外资企业更加关注 *R&D* 的投入量和对技术改造的费用投入，因此，对于外资企业而言，消化吸收经费的投入对于技术创新效率的提高作用并不显著。

5. 各行业技术创新效率及变动趋势

利用 Frontier4.1 软件，采用极大似然法估计模型（7-1）和模型（7-2），分别对中国装备制造内资企业和外资企业的 2004 ～ 2016 年面板数据进行分析，得到各行业技术创新效率的具体数值，如表 7-5 和表 7-6 所示。

表7-5　我国装备制造内资企业技术创新效率

时间（年）	金属制品业	通用设备制造业	专用设备制造业	交通运输设备制造业	电气机械及器材制造业	通信设备、计算机及其他电子设备制造业	仪器仪表及文化、办公用机械制造业
2004	0.321	0.689	0.578	0.742	0.754	0.857	0.702
2005	0.292	0.747	0.879	0.889	0.506	0.794	0.561
2006	0.419	0.705	0.897	0.801	0.606	0.809	0.571
2007	0.284	0.703	0.825	0.837	0.893	0.935	0.492
2008	0.508	0.687	0.730	0.997	0.868	0.806	0.551
2009	0.261	0.734	0.675	0.875	0.865	0.812	0.669
2010	0.349	0.713	0.754	0.893	0.844	0.924	0.675
2011	0.472	0.644	0.787	0.982	0.814	0.853	0.597
2012	0.453	0.651	0.772	0.976	0.803	0.855	0.622
2013	0.491	0.637	0.781	0.979	0.825	0.849	0.631
2014	0.510	0.662	0.784	0.984	0.831	0.858	0.624
2015	0.533	0.672	0.775	0.975	0.836	0.864	0.639
2016	0.535	0.676	0.783	0.980	0.827	0.869	0.643

表7-6 我国装备制造外资企业技术创新效率

时间（年）	金属制品业	通用设备制造业	专用设备制造业	交通运输设备制造业	电气机械及器材制造业	通信设备、计算机及其他电子设备制造业	仪器仪表及文化、办公用机械制造业
2004	0.722	0.538	0.339	0.891	0.477	0.655	0.300
2005	0.358	0.433	0.404	0.983	0.586	0.545	0.506
2006	0.316	0.435	0.225	0.827	0.360	0.964	0.838
2007	0.495	0.483	0.450	0.762	0.388	0.735	0.911
2008	0.358	0.451	0.327	0.839	0.425	0.709	0.638
2009	0.447	0.503	0.480	0.946	0.533	0.752	0.571
2010	0.333	0.558	0.354	0.984	0.496	0.817	0.743
2011	0.509	0.379	0.383	0.900	0.424	0.931	0.331
2012	0.479	0.383	0.377	0.857	0.451	0.883	0.554
2013	0.492	0.402	0.386	0.886	0.457	0.892	0.587
2014	0.513	0.419	0.374	0.904	0.462	0.903	0.590
2015	0.533	0.422	0.367	0.897	0.471	0.894	0.633
2016	0.527	0.435	0.389	0.910	0.492	0.915	0.652

从表 7-5 和表 7-6 可知，2004 ～ 2016 年我国装备制造内资企业和外资企业的技术创新效率都比较稳定，没有大起大落的现象，且总体趋势是逐渐提升的。其中，在外资企业的横向比较中可以发现技术创新效率较低的是专用设备制造业，在内资企业的横向比较中可以发现技术创新效率较低的是金属制品业。为什么会这样？原因是：较大的不确定性存在于专用设备制造业的创新成果中，而金属制品业的研发周期一般比较长。本研究在处理 *R&D* 资本投入变量时，考虑到了折旧率，但没有针对具体行业考虑滞后期限，不同行业的 *R&D* 资本投入性质差距较大，导致资本折旧率和 *R&D* 资本投入的滞后期限也存在较大差异，导致该行业的技术创新效率偏低。

通过以上分析，得出的结论是：产业研发效率和企业所有权性质之间存在相关性，整体而言，我国装备制造业技术创新效率值偏低，我国装备制造外资企业技术创新效率高于内资企业相应水平。我国装备制造内资企业的起点较低，但整体的技术创新效率值近年来呈现逐步上升的态势。其中值得重点关注的对象是我国装备制造内资企业在通信设备、计算机及其他电子设备制造业的技术创新效率提升显著，这正是我国装备制造内资企业提升我国装备制造业整体技术创新效率的机遇。我国装备制造内资企业技术创新水平得到提高，将会带动我国装备制造业整体技术创新水平的持续提升，从而提高我国装备制造业在全球产业链的分工层次与国际竞争力。

二、产业维度装备制造业技术创新效率影响因素实证分析

在对我国装备制造内资企业和外资企业的技术创新效率进行了实证分析之后，得出的结论是我国装备制造内资企业技术创新效率近年来呈稳步上升的态势。我国装备制造内资企业技术创新投入水平的增加是我国装备制造业提升产业整体技术创新效率的主要着力点。因此，本节将进一步探讨影响我国装备制造业技术创新效率的主要因素，为装备制造业进一步提升技术创新效率提供相应的理论支撑。

（一）*R&D* 投入及行业内 *R&D* 溢出与技术创新效率

通过总结现有文献，总体来讲，很少有专门的文献研究我国装备制造业技术创新效率。关于 *R&D* 溢出效应的文献，主要集中于我国装备制造内资企业与外资企业技术创新效率的影响机制，或者关注我国装备制造内资企业自身 *R&D* 溢出效应的比较研究，很少从行业总体层面上，研究 *R&D* 溢出机制对该行业内资企业技术创新效率的影响。基于此，结合我国装备制造业 7 个行业 2004 ～ 2016 年的面板数据，从技术创新 *R&D* 投

入及装备制造业总体 *R&D* 溢出两个方面研究其对我国装备制造内资企业技术创新效率的影响机制。

根据前面的分析，总结出 *R&D* 投入及行业内 *R&D* 溢出对装备制造业技术创新效率影响的模型为：

$$\ln Y_{it} = \alpha_0 + \alpha_1 \ln RD_{it} + \alpha_2 \ln RDP_{it} + \alpha_3 \ln DT_{it} + \alpha_4 \ln TI_{it} + \alpha_5 \ln FRD_{it} + \mu_{it} \tag{7-5}$$

在模型（7-5）中，同前文已阐述的理由，技术创新产出指标 *Y* 采用新产品产值。以 2004 年为基年，按照工业品出厂价格指数对新产品产值 *Y* 进行平减，对于 *RD*、*DT*、*TI* 以及 *FRD* 的平减处理，同前文所述。*RDP* 表示该行业内资企业科技活动人员数量（人／年）。

本研究主要运用随机效应模型（RE）和固定效应模型（FE）对面板数据进行分析，至于具体选用哪个模型，需要通过 Hausman 检验来判断。

具体分析过程在此不详述，实证结果如表 7-7 所示。

表7-7　*R&D*投入及行业内*R&D*溢出对内资企业技术创新效率影响估计结果

变量	模型 1	模型 2	模型 3	模型 4	模型 5
c	−9.606*** （1.868）	−2.986 （6.453）	4.395 （9.654）	−11.355 （7.326）	3.276 （14.055）
ln*RDP*	0.318*** （0.100）	0.358*** （0.100）	0.379*** （0.103）	0.305*** （0.101）	0.364*** （0.104）
ln*RD*	1.520*** （0.190）	0.849 （0.543）	0.782 （0.666）	1.853*** （0.653）	0.729 （1.037）
ln*DT*		−0.328 （0.482）			1.080 （1.298）
ln*TI*			−1.008 （0.754）		−1.508 （1.956）
ln*FRD*				−0.128 （0.451）	−0.449 （1.505）

续表

变量	模型 1	模型 2	模型 3	模型 4	模型 5
$\ln RD \ln DT$		0.039 （0.038）			−0.063 （0.096）
$\ln RD \ln TI$			0.050 （0.050）		0.103 （0.134）
$\ln RD \ln FRD$				−0.007 （0.037）	0.013 （0.108）
$Adj-R^2$	0.804	0.773	0.771	0.771	0.708
H	23.333^{*}	17.431^{***}	8.631^{**}	11.657^{**}	4.259
适用模型	FE	FE	RE	FE	RE

备注：括号内数字表示系数的 t 检验值；*、**、*** 分别表示在 10%、5%、1% 水平上显著；H 表示 Hausman 值。

通过表 7-7 展示的计量结果，可以得出以下结论：

RDP 和 *RD* 在模型1、模型2、模型3、模型4、模型5中显著为正，表明我国装备制造业中，对内资企业技术创新具有显著促进作用的是其自身 *R&D* 资本和 *R&D* 人员投入，*R&D* 投入是提高中国装备制造内资企业技术创新效率的重要因素。模型 1、模型 2、模型 3、模型 4、模型 5 中，*R&D* 人员投入的弹性均小于 *R&D* 资本投入的弹性，可以得出两点结论：第一，中国目前人力资源较为充裕，而 *R&D* 资本却相对稀少，所以增加 *R&D* 资本对中国装备制造内资企业技术创新效率的促进作用更为显著；第二，我国装备制造内资企业 *R&D* 人员技术创新效率偏低。

在模型 2、模型 3、模型 4 中，我国装备制造业整体的技术引进、国内技术购买及外资企业本土化 *R&D* 投入水平对我国装备制造内资企业技术创新效率呈现负向溢出效应。虽然我国装备制造业整体规模增长速度较快，可是，许多关键性技术和关键性设备都是从国外引进的，自有技术比例偏低，在“国际产业链”中处于底端，产业附加值不高。从国外引进先进技术有利于减少研发过程中的盲目性和不确定性，并提高自主研发的针对性。但是，要想使技术创新效率得到持续提高，还是必须从自主技术创新入手[1]。发达国家虽然不会把本国最先进技术、最核心技术输出给中国，但只要是引进相对中国自身而言属于先进的技术，就会缩小与发达国家之间的差距。模型 2、模型 3、模型 4 的实证结果也证明了国内技术水平虽然整体上相对落后，但在装备制造业的某些行业，如交通运输设备制造业，进入 21 世纪以来，自有技术能力和科研水平均有显著提高，并且，相对于国外技术引进而言，国内技术引进具有相关政策偏向性和成本优势。所以，国内技术引进推动了我国装备制造业技术创新效率的提高。

观察表 7-7 的实证结果，通过观察行业总体 *TI*、*DT*、*FRD* 与我国装备制造内资企业 *R&D* 变量的交叉项，可以发现，我国装备制造业总体的国内技术购买、技术引进及外资企业本土化 *R&D* 投入水平与内资企业自身 *R&D* 资本投入存在相互替代关系，零和博弈机制存在于其中。表面上，这一结论与张倩肖（2007）总结内资企业 *R&D* 活动和外资企业 *R&D* 活动存在互补关系的结论相矛盾。本研究认为：我国装备制造内资企业 *R&D* 活动与行业内 *TI*、*DT*、*FRD* 溢出变量的互补关系增强了市场化竞争程度，推动内资企业自身 *R&D* 投入与该行业总体 *R&D* 溢出形成了相互促进机制。技术引进、国内技术购买及外资企业本土化 *R&D* 投入水平通过 *R&D* 正向溢出机制，提高了内资企业技术创新效率，在激烈的市场竞争中，内资企业进一步提高了其自身 *R&D* 投入的针对性和目的性，提升了技术创新效率。

（二）*FDI* 强度与技术创新效率

如前所述，我国装备制造业具有较强的外资导向型特征，但到目前

[1] 此结论与林毅夫（2005）的观点相一致。

为止，学术界对于*FDI*的效应尚无定论，主要存在三种观点：促进论（Das，1987）、中性论（董书礼，2004）以及抑制论（Romer，1990）。*FDI*效应对中国装备制造业的影响是三种观点中的哪一个？这需要实证检验后才能得到答案。本部分创新产出指标采取新产品产值、资本投入变量采取*R&D*累计投入，运用我国装备制造业2004～2016年7个行业面板数据，以此度量*FDI*强度对我国装备制造内资企业和外资企业技术创新效率的影响。

在蒋殿春（2005）模型的基础上，本研究构建我国装备制造内资企业和外资企业的交互影响模型来度量*FDI*强度对技术创新效率的影响。具体模型如下：

$$\ln SY_{it} = \alpha_0 + \alpha_1 \ln SL_{it} + \alpha_2 \ln SK_{it} + \alpha_3 \ln FDI_{it} + \alpha_4 \ln FL_{it} + \alpha_5 \ln FK_{it} + \mu_{it} \tag{7-6}$$

$$\ln FY_{it} = \alpha_0' + \alpha_1' \ln FL_{it} + \alpha_2' \ln FK_t + \alpha_3' \ln FDI_{it} + \alpha_4' \ln SL_{it} + \alpha_5' \ln SK_{it} + \mu_{it}' \tag{7-7}$$

在模型（7-6）和模型（7-7）中，*S*表示我国装备制造内资企业，*F*表示我国装备制造外资企业，*Y*表示技术创新产出，*i*表示各行业，*t*表示各年份，*L*表示*R&D*人员投入，*K*表示*R&D*资本投入，*FDI*表示外资进入强度，由外资企业产值与该产业总产值的比例数值表示。

技术创新产出指标*Y*采用新产品产值，以2004年为基年，按照工业品出厂价格指数对新产品产值*Y*进行平减，对于*R&D*资本投入的平减处理，理由同前文所述。

与前面的分析略有些区别，在运用面板数据进行分析时，本部分的实证分析主要考虑随机效应模型（RE）、固定效应模型（FE）和混合回归模型（OLS）三种模型。具体分析过程在此不详述，实证结果如表7-8所示。

表7-8　*FDI*对内资企业技术创新效率影响估计结果

Variable	FE（1，1）	RE（1，2）	OLS（1，3）
ln*SL*	0.181* （0.096）	0.213* （0.093）	0.581*** （0.190）
ln*SK*	1.686*** （0.235）	1.586*** （0.217）	1.016*** （0.222）
ln*FDI*	0.001 （0.030）	0.001 （0.030）	0.067 （0.095）
ln*FL*	0.260*** （0.073）	0.299*** （0.066）	0.096 （0.127）
ln*FK*	−0.540*** （0.175）	−0.611*** （0.153）	−0.421*** （0.131）
R^2	0.969	0.966	0.933
$Adj-R^2$	0.761	0.863	0.833
F	76.372***		
H	2.349***		

备注：括号内数字表示系数的 *t* 检验值；*、**、*** 分别表示在 10%、5%、1% 水平上显著；*F* 表示判定 FE 和 OLS 的 *F* 值；*H* 表示 Hausman 值。

通过表 7-8 展示的计量结果，可以得出以下结论：

应运用 FE（1,1）模型，因为 *F* 值和 *H* 值均在 1% 的水平上显著。我国装备制造内资企业新产品产值的增长与 *R&D* 资本投入、*R&D* 人员投入呈正相关，我国装备制造内资企业 *R&D* 人员投入的弹性小于 *R&D* 资本投入的弹性，这表明对于提高内资企业技术创新效率所发挥的作用，*R&D* 资本投入要大于 *R&D* 人员投入，还表明中国装备制造内资企业 *R&D* 人员的效率偏低。表 7-8 结果表明，该行业外资进入强度与我国装备制造内资企业的技术创新效率呈正相关，原因是外商的进入，不仅降低了国内厂商技术创新活动的边际价值，而且缩小了国内厂商的市场空间，从而刺激了国内厂商技术创新能力的提高。同时，由于目前我国装备制造业加工贸易仍占较大比重，我国装备制造业外资进入强度的增加，客观上是该产业内加工贸易规模的进一步扩大，对于我国装备制造内资企业具有正向技术外溢效应。表 7-8 结果表明中国装备制造外资企业 *R&D* 资本投入对于内资企业技术创新产出的系数为负，并且显著，这表明我国装备制造内资企业技术创新活动以集成创新为主，其主要特征是模仿创新和消化吸收，而原始创新则相对较少。我国装备制造外资企业的 *R&D* 人员的增加会促进内资企业的技术创新效率，且显著，可以理解为外资企业的 *R&D* 人员的增加刺激了内资企业也增加 *R&D* 人员，从而带动了我国装备制造内资企业技术创新效率的提高。

总体而言，对我国装备制造内资企业技术创新水平提升，*FDI* 进入所发挥的作用是正向还是负向，结论并不明确，发挥示范效应是其作用的主要形式，即我国装备制造内资企业通过购买国外先进技术和设备进行模仿创新。我国装备制造外资企业进入所产生的竞争效应对内资企业技术创新具有显著的抑制作用。另外，我国装备制造业以加工贸易为主导的现状对内资企业技术创新也具有抑制作用，如表 7-9 所示。

表7-9 内资企业对外资企业技术创新效率影响估计结果

Variable	FE（2，1）	RE（2，2）	OLS（2，3）
ln*FL*	0.369** （0.140）	0.419*** （0.114）	0.346** （0.142）
ln*FK*	0.687** （0.336）	0.771*** （0.238）	1.093*** （0.147）
ln*FDI*	−0.050 （0.058）	−0.048 （0.058）	−0.025 （0.106）
ln*SL*	−0.014 （0.185）	0.063 （0.172）	0.266 （0.214）

续表

Variable	FE（2，1）	RE（2，2）	OLS（2，3）
ln*SK*	0.456 （0.453）	0.076 （0.356）	-0.514** （0.249）
R^2	0.886	0.896	0.952
$Adj-R^2$	0.670	0.780	0.850
F	21.066***		
H	1.855***		

备注：括号内数字表示系数的 *t* 检验值；*、**、*** 分别表示在 10%、5%、1% 水平上显著；*F* 表示判定 FE 和 OLS 的 *F* 值；*H* 表示 Hausman 值。

通过表 7-8 展示的计量结果，可以得出以下结论：

所应运用 FE（2，1）模型，因为 *F* 值和 *H* 值均在 1% 的水平上显著。我国装备制造外资企业新产品产值与 *R&D* 资本投入、*R&D* 人员投入呈正相关，并且系数显著，外资企业 *R&D* 人员投入的弹性小于 *R&D* 资本投入的弹性[1]。另外，研发新技术在企业发展中占据着重要地位，并且，由于技术具有公共物品特性，致使基础性研发活动和核心技术常常集中在外资企业位于国外的总部，在中国的分公司或子公司的研发部门，往往只承接产品当地化技术调整与改良。所以，外资企业在中国境内的 *R&D* 资本投入水平相对较低，不能满足中国市场的需求。因此，想要提高我国装备制造外资企业技术创新效率，就必须在中国建立研发部门，增加 *R&D* 资本投入，并针对中国市场的巨大需求，开展相应的 *R&D* 活动。除此之外，想要提高技术创新效率，必须拥有一支时刻关注市场动向并熟悉本地市场的 *R&D* 人才团队，才能不断地推出新产品。外资进入强度与我国装备制造外资企业技术创新效率呈负相关关系，但系数不显著，这说明我国装备

[1] 此结论与中国装备制造业目前的加工贸易现状相吻合。

制造业继续以加工贸易为主导，外资进入强度增加不一定能够促进其技术创新效率的提升。

我国装备制造内资企业 *R&D* 资本投入的系数为正，此结果表明：外资企业始终保持其相对于当地企业的技术优势，这是其作为技术领先者的创新策略，同时控制其领先幅度不大不小。这种“领先一小步”的策略在与当地企业的创新博弈中就产生“挤牙膏现象”[1]。模型还显示内资企业 *R&D* 人员投入对我国装备制造外资企业的影响为负，这说明我国装备制造内资企业的 *R&D* 人员增加会抑制外资企业技术创新效率的提高，*R&D* 人员投入在中国装备制造内资企业和外资企业中存在“零和博弈”效应。

（三）*FDI* 溢出与技术创新效率

通过上文交互影响模型分析，得出的结论是 *FDI* 强度增加在总体上对于我国装备制造内资企业技术创新效率存在负向程度的影响。由此可见，在一定程度上，我国装备制造业近年来外资产值比例的提高，阻碍了提升该产业内资企业技术创新效率。本部分研究 *FDI* 溢出对我国装备制造业技术创新效率的影响，主要原因是 *FDI* 强度是一个相对指标，如果仅仅从这一个指标的分析结果，断言我国装备制造内资企业技术创新效率与 *FDI* 负相关，这个推断是不能让人信服的。所以，有必要进一步考虑其他因素，例如，出口水平和市场竞争程度等，对该产业技术创新效率的影响，以完善 *FDI* 技术溢出效应理论。

总结现有文献发现，很少有综合考虑 *FDI* 溢出和出口导向效应的技术溢出机制，而这两者是度量我国装备制造业国际竞争力的根本性指标。基于此，本部分运用我国装备制造业 2004 ～ 2016 年 7 个行业面板数据，拟从 *FDI* 溢出和出口导向效应来度量我国装备制造业技术创新效率的影响机

---

[1] 当地企业开展技术创新时，外商投资企业就会推出更多新产品，外商投资激发了当地企业的技术创新动力。

制，以期了解：外资进入和出口增加是否对我国装备制造业技术创新效率存在溢出效应？

根据前面的分析，总结出 *FDI* 溢出对装备制造业技术创新效率影响的模型为：

$$\ln Y_{it} = \alpha_0 + \alpha_1 \ln RD_{it} + \alpha_2 \ln RDP_t + \alpha_3 \ln FDI_{it} + \alpha_4 \ln EXPORT_{it} + \alpha_5 \ln MARKET_{it} + \mu_{it} \quad (7\text{-}8)$$

在模型（7-8）中，以 2004 年为基年，技术创新产出指标 *Y* 采用新产品产值，按照工业品出厂价格指数对新产品产值 *Y* 进行平减。该行业内资企业科技活动人员数量（人 / 年）由 *RDP* 表示。*FDI* 采用我国装备制造外资企业当年总产值作为衡量指标，以 2004 年为基年，按照工业品出厂价格指数进行平减。我国装备制造业出口交货值由 *EXPORT* 表示。*MARKET* 采用行业内企业数目衡量。

本研究主要考虑运用固定效应模型（FE）和随机效应模型（RE），需要通过 Hausman 检验来判断具体选用哪个模型。

具体分析过程在此不详述，实证结果如表 7-10 所示。

表7-10　我国装备制造业技术创新效率影响估计结果

变量	模型 1	模型 2	模型 3	模型 4	模型 5
c	5.169*** （0.317）	5.191*** （0.316）	5.573*** （0.334）	5.565*** （0.335）	5.404*** （0.319）
ln*RD*	0.425*** （0.065）	0.387*** （0.083）	0.440*** （0.065）	0.486*** （0.088）	0.437*** （0.082）
ln*RDP*	0.516*** （0.073）	0.569*** （0.106）	0.520*** （0.065）	0.447*** （0.113）	0.516*** （0.106）
ln*FDI*		0.077 （0.117）		−0.110 （0.138）	−0.003 （0.126）

续表

变量	模型 1	模型 2	模型 3	模型 4	模型 5
ln*EXPORT*			-0.070 （0.050）	-0.068 （0.050）	-0.051 （0.047）
ln*MARKET*			0.014 （0.015）	0.016 （0.016）	
$Adj-R^2$	0.819	0.802	0.785	0.768	0.785
H	4.684*	5.345	45.951	54.482	9.339*
适用模型	RE	RE	FE	FE	RE

备注：括号内数字表示系数的 *t* 检验值；*、**、*** 分别表示在 10%、5%、1% 水平上显著；*H* 表示 Hausman 值。

通过上表可知，技术创新过程中，*R&D* 人员投入和 *R&D* 资本投入都对装备制造业技术创新效率产生正向促进作用，此结论表明：*R&D* 人员投入和 *R&D* 资本投入对于技术创新产出而言，所起的作用是基础性的。

外商直接投资，即 *FDI* 指标对行业总体技术创新效率具有促进作用。之所以这样，是因为近年来我国装备制造业 *FDI* 溢出效应集中于外资企业内部，而 *FDI* 溢出效应对内资企业技术创新效率的“联动效应”较小。在某种程度上，外资企业的进入降低了内资企业技术创新活动的边际价值，并且该行业国内厂商的市场空间逐渐缩小，竞争刺激了内资企业技术创新效率的提升。另外，由于我国装备制造业目前国内和国外技术水平的差距较大，竞争压力对我国装备制造内资企业技术创新产生的示范效应十分有限，所以带来的促进作用也很有限。

出口水平，即 *EXPORT* 指标对我国装备制造业总体技术创新效率的提高具有抑制作用，但不显著。原因是目前我国装备制造业出口构成中，外资企业加工贸易出口所占比例较大，我国装备制造业总体上通过开拓海外市场带来的“规模经济效应”和出口带来的“学习效应”，在一定程度上抑制了其技术创新效率。

市场竞争程度，即 *MARKET* 指标，正向促进我国装备制造业总体技术创新效率水平的提高。表明规模经济性存在于技术创新活动中，大型企业，特别具有垄断势力的大型企业，在技术创新过程中占据着优势。总体而言，我国装备制造内资企业核心技术缺乏，其主要业务是围绕外资企业进行低附加值环节的生产，如产品组装等。此时，提高其技术创新效率是重中之重，应发挥市场在配置资源方面的控制能力，并充分利用宽松的市场竞争环境，使内资企业主动地改进自身技术水平，提高产品技术含量。

综上所述，*FDI* 或直接或间接地给我国装备制造业带来技术转移，大大提高了该产业整体技术创新效率。并且，近年来，我国装备制造业 *FDI* 溢出效应对该行业总体技术创新效率存在正向溢出效应。但是，我国装备制造内资企业与装备制造强国的技术之间仍存在较大差距，在拓展国际市场进程中，我国装备制造内资企业主要是以模仿国外先进技术为主，而自身技术创新动力相对匮乏，不重视对先进技术的引进、消化、吸收和再创新，造成该行业 *FDI* 对我国装备制造内资企业技术创新效率的溢出效应不显著。

（四）行业特征与技术创新效率

通过前文的分析可以发现，显著的异质性存在于 *FDI* 对于我国装备制造业内资企业和外资企业的技术溢出效应中。近年来，我国装备制造业 *FDI* 的进入，提高了该行业整体技术创新效率，但是，*FDI* 溢出效应主要集中于外资企业，*FDI* 溢出效应对内资企业技术创新效率不显著。从深层次分析，虽然 *FDI* 的进入对我国装备制造内资企业技术创新效率的正向技术溢出效应并不显著，但这并不表明 *FDI* 对我国装备制造业各个行业的内资企业技术创新效应相同。因此，有必要深入研究 *FDI* 对于我国装备制造业各个行业的内资企业技术创新效率影响趋势是否相同？如果不相同，是什么因素造成的？基于此，本部分运用我国装备制造业 2004 ～ 2016 年 7

个行业面板数据，分析 *FDI* 对我国装备制造内资企业的技术创新溢出效应，并探讨是什么原因造成不同行业 *FDI* 的异质性溢出效应。

结合 Koeller（1995）和 Jefferson（2004）的研究成果，本研究认为创新的本质是：创新主体利用以 *R&D* 资本和 *R&D* 人员为代表的各类资源，在特定的产业环境中，创造出新知识的过程。创新过程生产函数表达如下：

$$Y_{it} = A_{it} RD_{it}^{\alpha_1} RDP_{it}^{\alpha_2} \tag{7-9}$$

在模型（7-9）中，技术创新产出用 Y 表示，*R&D* 资本投入用 *RD* 表示，*R&D* 人员投入用 *RDP* 表示，第 i 产业用 i 表示，第 t 年用 t 表示，影响技术创新其他因素用 A 表示。

随着中国逐步提高装备制造业的外向型程度，自身研发投入要素和外资逐步进入都在影响着我国装备制造内资企业技术创新效率。Kokko（1994）和 Cheung（2004）研究发现，显著的溢出效应存在于 *FDI* 对东道国及其内资企业的技术创新中。所以，本研究将影响内资企业创新产出的其他因素 A 定义为：

$$A_{it} = \lambda \mathrm{e}^{f(FDI_{it}) + \varepsilon_{it}} \tag{7-10}$$

在模型（7-10）中，外商直接投资用 *FDI* 表示，常数项用 λ 表示，随机误差项用 ε_{it} 表示。结合 Hu(2005）的研究成果，本研究将函数 $f(x)$ 定义为：

$$f(x) = \alpha_3 \ln FDI_{it} \tag{7-11}$$

将模型（7-11）代入模型（7-10）中，再将模型（7-10）代入模型（7-9）中，然后两边取对数，得到：

$$\ln Y_{it} = \alpha_0 + \alpha_1 \ln RD_{it} + \alpha_2 \ln RDP_t + \alpha_3 \ln FDI_{it} + \mu_{it} \tag{7-12}$$

在模型（7-12）中，技术创新产出指标 Y 采用新产品产值表示。以 2004 年为基年，按照工业品出厂价格指数对新产品产值 Y 进行平减。该行业内资企业科技活动人员数量（人／年）用 *RDP* 表示。*FDI* 采用我国装备制造外资企业当年总产值作为衡量指标，并且以 2004 年作为基年，按照工业品出厂价格指数进行平减。

采用 Pool Data 回归模型，具体分析过程在此不详述，实证结果如表 7-11 所示：

表7-11　*FDI*对我国装备制造业不同行业技术创新溢出效率回归结果

行业	ln*FDI*
金属制品业	−0.157（1.053）
通用设备制造业	−0.161（0.263）
专用设备制造业	−0.464（0.538）
交通运输设备制造业	0.952（2.001）
电气机械及器材制造业	−1.324*（0.573）
通信设备、计算机及其他电子设备制造业	−0.120（0.565）
仪器仪表及文化、办公用机械制造业	0.513（1.637）

备注：括号内数字表示系数的 *t* 检验值；*、**、*** 分别表示在 10%、5%、1% 水平上显著。

从表 7-11 可知，2004 ～ 2016 年，在研究中所涉及装备制造业的 7 个行业，*FDI* 对各行业内资企业技术创新效率影响机制各不相同，在交通运输设备制造业、仪器仪表及文化、办公用机械制造业中，相关系数为正，这表明 *FDI* 对其内资企业技术创新效率具有正向溢出效应。而在其他几个行业，相关系数为负，这表明 *FDI* 对其技术创新效率存在负向溢出效应。这一实证结果表明，近年来，*FDI* 对我国装备制造业不同行业内资企业技术创新效率具有显著行业异质性。那么，是什么原因造成异质性的出现？Kokko（1994）、Li（2001）、陈涛涛（2003）通过产业维度以及区域维度的数理分析，发现不同的作用机理存在于 *FDI* 在不同行业特征条件下对东道国技术溢出效应。章凯栋（2006）实证分析了行业特征不同，影响着*FDI*对技术创新水平的溢出效应。基于此，本研究着重从我国装备制造业不同行业特征角度，分析*FDI*对我国装备制造内资企业技术创新存在异质性溢出效应的深层次原因。

目前，理论界尚未形成统一的逻辑体系对行业特征进行定义和划分，学者们纷纷给出不同的理解和划分方法。例如，周燕（2005）阐述行业特征包括东道国市场的竞争程度、内资企业和外资企业的资本密集度差距和技术水平差距。蒋殿春（2006）认为行业特征包括本地企业消化吸收能力、行业技术特质、行业市场结构以及行业对外资依存度。在总结现有文献的基础上，本研究从技术差距和消化吸收能力两方面探讨行业特征与*FDI*溢出效应的关系。

“技术差距”是影响*FDI*行业溢出效应的重要因素，这一观点已被国内外众多学者所接受。当内外资企业生产率差距较小时，*FDI*进入促进了其技术创新效率的提高；当内外资企业生产率差距较大时，*FDI*进入阻碍了其技术创新效率的提高。为什么会产生这种差别？本研究认为，当技术差距较小时，本地企业采用的技术与外资企业更为接近，此时便于本地企业通过模仿进行创新。另外，外资企业相对于内资企业而言，具有所有权优势，此优势来源于外资企业对管理经验的掌控和先进技术的积累。行业总体竞争程度较为充分的前提条件是内资企业和外资企业技术差距较小，此时，外资企业与本地企业在同一个市场上展开竞争，只有通过不断增加技术创新的投入水平，加快自身产品的更新速度，内资企业才有可能在激烈的竞争中占有一定市场份额。由于当前我国装备制造内资企业*R&D*投入水平和产出效率普遍偏低，*FDI*进入给装备制造业带来了先进的管理经验和技术设备，*R&D*强度与外资企业差距较大的内资企业，提升产出效率和研发投入的空间相对更大一些，同时，其前期*R&D*投入的沉淀成本相对偏低。因此，*FDI*对装备制造内资企业技术创新效率的提升具有正向促进作用。

*FDI*溢出效应在消化吸收能力较强的行业中对装备制造内资企业技术创新效率正向溢出效应更高。造成这一现象的原因是什么？本研究认为，跨国公司控制了我国装备制造业多数的核心设备及核心技术，导致国内自有技术水平和国外技术水平差距较大。中国目前装备制造业发展重视技术引进而轻视了对引进技术的消化、吸收和再创新，内资企业普遍存在消化吸收经费不足的现象，而对于国外先进技术的引进、消化、吸收和再创新是提高自身技术创新效率的关键所在。同时，内资企业将消化吸收经费主要用于引进国外专利技术以及相关配套设施。因此，消化能力相对较强的我国装备制造内资企业，往往能够更好地吸收并利用*FDI*所产生的正向溢出效应。另外，*FDI*对规模相对较大行业技术创新具有明显正向溢出效应，说明我国装备制造内资企业技术创新具有显著的规模经济性。也反映出对大型企业，中国现行资本市场政策和货币政策具有明显的倾向性，中小型企业在研发创新活动中普遍面临资金瓶颈。

三、本节小结

（一）*R&D*对装备制造业技术创新具有基础性作用

企业自身*R&D*资本投入和*R&D*人员投入对其技术创新产出具有基础性作用。显著的博弈竞争机制存在于我国装备制造内资企业自身*R&D*投入水平与该行业国内技术购买（*DT*）、国外技术引进（*TI*）以及外资企业直接*R&D*（*FRD*）溢出效应之间。我国装备制造业技术创新领域的市场化竞争程度在博弈过程中得到了增强。另外，在激烈的市场竞争中，我国装备制造内资企业提高了自身*R&D*投入目的性和针对性，提升了其产出水平和技术创新效率。*R&D*是内资企业进行技术创新的根本推动力，因此，我国装备制造业提高技术创新效率及产出水平的根本途径是提高自身原始创新能力以及增加内资企业 *R&D* 投入水平。

（二）合理利用外资是装备制造业技术创新的关键

合理利用外资是提升我国装备制造业技术创新水平及内资企业技术创新效率的关键环节。*FDI* 在我国装备制造内资企业和外资企业中存在异质性技术溢出效应，对我国装备制造业整体技术创新效率水平的提高，外资进入具有巨大促进作用。但是，*FDI* 的正向技术溢出效应主要发生在外资企业内部，而对内资企业技术创新所发挥的正向技术溢出效应并不显著，而且，*FDI* 在我国装备制造业的不同行业内资企业中同样存在异质性，造成这种异质性的主要原因是行业特征差异性。两方面的政策启示蕴含于这一结论中：首先，中国政府在制定我国装备制造业发展规划时，应将发展目标设定为如何提升我国装备制造业外资引进水平的整体质量，并且，为了提升我国装备制造业整体的技术创新效率及国际分工层次，要求外资企业必须在中国境内设立技术研发部门。其次，中国政府应制定相应的政策，扩大对国外先进技术的消化、吸收、再创新及技术改造的经费投入，促进我国装备制造内资企业提高自身生产率，这样做的最终目的是有利于我国装备制造内资企业在技术创新过程中，更加有效地吸收 *FDI* 的正向技溢出效应。

（三）良好的环境是装备制造业技术创新的保证

R&D 投入的增加以及进一步吸引高水平外资的进入，都离不开良好的制度环境和金融环境，更确切地讲，良好的技术创新环境是提升我国装备制造业技术创新效率及内资企业技术创新水平的保证。中国政府应为我国装备制造内资企业及整体技术创新提供一个良好的制度环境、金融环境。具体而言，大力发展风险投资、加强知识产权保护等，从而为我国装备制造业技术创新效率的提高提供坚实的金融保障和制度保障。

第二节 区域维度的装备制造业技术创新效率分析

上一节是从产业维度的视角，对我国装备制造业技术创新效率及其影响因素进行了实证分析。但是，仅从产业维度进行分析无法全面展示我国装备制造业技术创新效率的全貌，区域维度视角的技术创新效率及其影响因素分析也是我国装备制造业整体技术创新发展过程中的重要组成部分，因此，本部分将从区域维度视角，实证检验我国装备制造业技术创新效率的影响因素。

一、区域维度装备制造业技术创新效率影响因素实证分析

技术创新是经济发展的重要动力之一，而研发是技术创新的源泉。各区域为促进本地区经济增长而逐年增加研发投入，但是，技术创新产出的增长幅度却没有明显变化。更加令人费解的问题是虽然各区域研发投入都在增加，但区域之间的技术创新差距却越来越大。“马太效应”为什么会出现在区域之间技术创新产出中？是否存在一种“轨道”导致区域技术创新过程能够累积循环？除研发之外，是否还有其他因素对区域技术创新产出产生影响？是否有某种关联性导致区域位置与区域技术创新投入产出效率差距拉大？以上问题到目前为止还没有引起研究者们的重视，但是，解决这些问题对于揭开经济增长背后的“黑箱”，揭示区域经济差距的原因，以及确立以后区域技术创新战略，具有重要的借鉴意义。

中国面积广大，不同地区的行政管理手段、文化、风俗等方面，具有

各自浓郁的地域特色。同时，中国不同区域的制度环境、经济环境存在较大差距，区域技术创新效率深受这些因素的影响。因此，以地域划分为基础，分析我国装备制造业区域技术创新效率的影响因素，具有坚实的理论基础和重大的现实意义。

结合上文的分析，得到区域维度装备制造业技术创新影响因素模型的总体回归方程为：

$$f(x) = \alpha_1 \ln RD_{it} + \alpha_2 \ln RDP_t + \alpha_3 \ln FTE_{it} + \alpha_4 \ln FED_{it} + \alpha_5 \ln FDI_{it} + \alpha_6 \ln IEP_{it} + \alpha_7 \ln PGDP_{it} + \alpha_8 \ln TEC_{it} + \varepsilon_{it} \quad (7\text{-}13)$$

依据《中国工业经济年鉴》《中国统计年鉴》及“中国经济与社会发展统计数据库”等相关资源，对以上各变量进行统计整理，涉及的时间段是2004～2016年共13年间的数据[1]。并且以2004年为基年，运用工业品出厂价格指数，对涉及的各个指标进行相应平减。

（一）区域总体实证分析及结果说明

考虑到我国装备制造业区域技术创新过程中区域之间较大的差异性，类似于前文产业维度实证方法，本部分采取固定效应模型（FE）和随机效应模型（RE），通过Hausman检验来判断具体选用哪个模型。

具体分析过程在此不详述，实证分析结果如表7-12所示。

表7-12　我国装备制造业区域技术创新效率影响因素总体结果

变量	模型1	模型2	模型3	模型4	模型5
c	10.231*** （1.062）	11.460*** （1.530）	8.272*** （1.504）	7.350*** （1.689）	6.260*** （2.210）
ln*RD*	0.440*** （0.115）	0.496*** （0.115）	0.375*** （0.133）	−0.054 （0.171）	−0.136 （0.174）

[1] 个别数据有缺失，缺失数据采用线性插值法补充。

续表

变量	模型 1	模型 2	模型 3	模型 4	模型 5
ln*RDP*	0.038 （0.129）	0.027 （0.127）	0.059 （0.129）	0.120 （0.126）	0.117 （0.120）
ln*FTE*		0.669** （0.279）			1.061*** （0.271）
ln*FED*		−0.817* （0.457）			−0.669 （0.431）
ln*FDI*			0.049* （0.146）		−0.045 （0.187）
ln*IEP*			0.300*** （0.176）		−0.321* （0.163）
ln*PGDP*				0.891*** （0.296）	1.522*** （0.376）
ln*TEC*				0.025 （0.095）	0.022 （0.091）
$Adj-R^2$	0.168	0.194	0.181	0.223	0.281
H	30.156***	20.450***	10.663**	50.808***	36.497***
适用模型	FE	FE	FE	FE	FE

备注：括号内数字表示系数的 *t* 检验值；*、**、*** 分别表示在 10%、5%、1% 水平上显著；*H* 表示 Hausman 值。

通过表 7-12 可以看到，我国装备制造业区域维度 *R&D* 资本投入和 *R&D* 人员投入对于该产业区域维度技术创新效率具有显著的促进作用，本研究前面的理论假设在这里进一步从实证数据层面得到了证实，即：我国装备制造业技术创新的基础是区域内以企业为主体的 *R&D* 投入水平。模型 2 和模型 5 中显示，不显著出现在教育支出占财政支出比重（*FED*）指标的系数上，这表明中国各区域科技投入和现行财政政策对装备制造业区域维度技术创新效率的促进机制及作用仍不显著，投入占区域财政比例较低与此具有相关性。对于我国装备制造业区域技术创新效率而言，区域外商直接投资（*FDI*）的技术溢出效应不显著[1]。本研究认为，虽然相对于我国装备制造内资企业而言，外资企业掌控着较为先进的管理经验和先进技术，但是，由于我国装备制造内资企业技术水平相对落后于装备制造强国，较大的竞争压力会出现在外资的强势进入，这将不利于我国装备制造内资企业健康发展。区域创新环境变量（*PGDP*）对我国装备制造业区域维度技术创新效率具有显著的促进作用，这表明区域技术市场活跃程度（*TEC*）和区域经济发展水平（*PGDP*）的上升有利于我国装备制造业区域技术创新效率的提高，这与上节的理论假设基本一致。

（二）不同区域实证分析及结果说明

中国幅员辽阔，各个地区的经济发展水平存在较大差别，各地的风俗、文化、习惯具有差异性，所以，基于区域维度研究问题时，把中国分成若干经济区域后再展开分析，得出的结论会更加让人信服。经济区域的划分，既要方便区域发展问题的研究和区域政策的分析，又要遵循区域经济发展的一般规律。

20 世纪 50 年代，中国大陆主要被划分为沿海和内地。到了 20 世纪 60 年代，中国大陆被分为一线地区、二线地区和三线地区。改革开放之后，许多新的划分方法被提了出来，各种方法中，最主要的划分方法是东、中、西三大地带的划分方法，由于多方面原因，这种划分方法得到了广泛接受。

本部分就采用这种划分方法，将研究所涉及的 31 个省、自治区、直辖市按照地域划分为三组：东部地区、中部地区和西部地区。

东部地区包括 11 个省、市，分别是：北京市、天津市、河北省、辽宁省、上海市、江苏省、浙江省、福建省、山东省、广东省和海南省。

中部地区包括 8 个省，分别是：山西省、吉林省、黑龙江省、安徽省、江西省、河南省、湖北省和湖南省。

[1] 此结论与 Kathuria（2000）及 Harris & Robinson（2004）的相关研究结论具有一致性。

西部地区包括 12 个省、自治区、直辖市，分别是：内蒙古自治区、广西壮族自治区、重庆市、四川省、贵州省、云南省、西藏自治区、陕西省、甘肃省、青海省、宁夏回族自治区和新疆维吾尔自治区。

将模型（7.13）的各个指标按东部地区、中部地区和西部地区重新整理，并再次利用固定效应模型（FE）和随机效应模型（RE）两种回归模型进行分析。实证结果如表 7-13 ～表 7-15 所示。

表7-13　我国装备制造业区域技术创新效率影响因素结果（东部地区）

变量	模型 1	模型 2	模型 3	模型 4	模型 5
c	11.752*** （1.238）	8.414*** （1.918）	3.810 （2.531）	1.805 （2.260）	4.252* （2.431）
ln*RD*	0.243 （0.203）	0.186 （0.188）	−0.090 （0.238）	−0.504*** （0.186）	−0.940*** （0.224）
ln*RDP*	0.198 （0.277）	0.351 （0.243）	0.137 （0.258）	0.092 （0.212）	0.302 （0.202）
ln*FT*E		0.406 （0.340）			−0.027 （0.347）
ln*FED*		0.688 （0.655）			0.056 （0.522）
ln*FDI*			1.028*** （0.320）		−0.323** （0.159）
ln*IEP*			0.349** （0.165）		0.502** （0.249）
ln*PGDP*				1.845*** （0.390）	1.930*** （0.413）
ln*TEC*				0.135 （0.101）	0.182** （0.090）
$Adj-R^2$	0.226	0.234	0.336	0.485	0.507
H	15.502***	4.421	23.703***	33.375***	6.637
适用模型	FE	RE	FE	FE	RE

备注：括号内数字表示系数的 *t* 检验值；*、**、*** 分别表示在 10%、5%、1% 水平上显著；*H* 表示 Hausman 值。

表7-14　我国装备制造业区域技术创新效率影响因素结果（中部地区）

变量	模型 1	模型 2	模型 3	模型 4	模型 5
c	3.726 （2.619）	5.353 （3.502）	7.476* （3.843）	0.355 （3.817）	3.040 （7.075）
ln*RD*	1.120** （0.431）	1.146** （0.447）	1.753*** （0.608）	1.066* （0.611）	1.441 （1.021）
ln*RDP*	−0.249 （0.518）	−0.259 （0.551）	−0.489 （0.626）	−0.175 （0.557）	−0.308 （0.821）
ln*FTE*		0.293 （0.614）			0.587 （0.682）
ln*FED*		−0.684 （0.924）			−0.015 （0.965）
ln*FDI*			−0.294 （0.360）		−0.926 （0.869）
ln*IEP*			−1.024 （0.688）		−0.413 （0.532）
ln*PGDP*				0.434 （0.543）	0.797 （1.012）
ln*TEC*				−0.294 （0.263）	−0.340 （0.333）
$Adj-R^2$	0.295	0.283	0.330	0.298	0.312
H	4.031	3.372	4.085	2.641	2.203
适用模型	RE	RE	RE	RE	RE

备注：括号内数字表示系数的 *t* 检验值；*、**、*** 分别表示在 10%、5%、1% 水平上显著；*H* 表示 Hausman 值。

表7-15　我国装备制造业区域技术创新效率影响因素结果（西部地区）

变量	模型 1	模型 2	模型 3	模型 4	模型 5
c	11.422*** （1.331）	15.618*** （1.986）	8.769*** （1.549）	11.964*** （2.409）	10.006*** （2.678）
ln*RD*	0.295** （0.142）	0.431*** （0.136）	0.101 （0.160）	0.059 （0.205）	0.092 （0.156）
ln*RDP*	0.001 （0.132）	0.028 （0.119）	0.054 （0.127）	0.043 （0.133）	0.122 （0.102）
ln*FTE*		1.199*** （0.341）			1.563*** （0.308）
ln*FED*		−2.082*** （0.615）			−1.484*** （0.522）
ln*FDI*			−0.245 （0.184）		0.977*** （0.236）
ln*IEP*			1.034*** （0.355）		−0.275* （0.156）
ln*PGDP*				0.135 （0.360）	0.161 （0.305）
ln*TEC*				0.181 （0.121）	0.193** （0.087）
$Adj-R^2$	0.093	0.241	0.183	0.146	0.376
H	41.981***	17.372***	26.612***	47.029***	5.305
适用模型	FE	FE	FE	FE	RE

备注：括号内数字表示系数的 *t* 检验值；*、**、*** 分别表示在 10%、5%、1% 水平上显著；*H* 表示 Hausman 值。

通过上述三表可以看到，无论是三大区域中的哪个地区，*R&D* 资本投入均对区域维度我国装备制造业技术创新效率具有显著的促进作用，具体而言，中部地区的 *R&D* 资本投入的技术创新产出弹性大于东部地区和西部地区。本研究认为，中部地区的装备制造业发展整体水平较高，可以保证较为充足的 *R&D* 资本投入，而装备制造业技术创新周期相对较长，所以中部地区的 *R&D* 资本投入可以产生较大的技术创新产出水平。与之相反，*R&D* 人员投入的技术创新产出弹性，东部地区最大，西部地区次之，中部地区最小。究其原因，是东部地区装备制造业 *R&D* 人才比较少，*R&D* 人员投入处于规模报酬上升的阶段，所以东部地区技术创新产出弹性高于西部地区和中部地区。与产业整体回归结果类似，在东部地区和中部地区，政府变量（*FTE* 和 *FED*）对我国装备制造业区域维度技术创新效率的促进机制不显著，甚至出现负向影响的趋势。实证结果显示，东、中、西三个地区，*FDI* 的进入对于装备制造业区域技术创新效率具有抑制作用，本研究认为，这是由于中国目前大部分省份吸引外资的存量相对较少，相对缺乏本土化科研机构和外资加工贸易再出口特征，使外资的正向技术溢出效应在一定程度上受到了限制，甚至挤占了我国装备制造内资企业发展的市场空间，造成了 *FDI* 的进入对该区域装备制造业技术创新效率的提高促进机制不显著。东部地区进出口水平（*IEP*）的上升促进了该区域装备制造业技术创新效率的提高，而中部地区和西部地区该变量的促进效果不显著。本研究认为，这是由于东部地区装备制造业发展相对滞后，技术创新有相对较大的上升空间，通过进出口带来的“学习效应”提升了该区域装备制造业的技术创新效率及产出水平。总体而言，东、中、西三个地区对外开放水平的提高有利于该区域我国装备制造业技术创新效率的提高。区域消化吸收能力是影响我国装备制造业技术创新效率影响机制的重要因素。在东、中、西三个地区，区域创新环境的改善都有利于区域装备制造业技术创新效率的提高，这与产业总体的回归结果相一致。

提高我国装备制造业区域维度技术创新效率，首先要对我国装备制造业不同区域之间技术创新存在的差异性给予充分认识。各个区域长期所形成的历史文化、科技水平、经济发展状况、政府制度、产业组织结构等方面存在巨大差异。所以，必须依据本区域的实际，对区域技术创新效率以及影响因素做出准确客观的分析评价，并以此为基础，概括出不同区域技术创新所需的基本条件和具体模式，制订的方案需要结合不同区域的各自特点，分类指导、区别对待不同区域的技术创新。

二、本节小结

(一)区域技术创新存在内生演化的轨道

本节开始时提到："马太效应"为什么会出现在区域之间技术创新产出中？是否存在一种"轨道"导致区域技术创新过程能够累积循环？

经过本节的分析，得到的结论是区域技术创新存在内生演化的"轨道"。因为当技术创新取得一定经济优势的区域，必然对技术基础设施、知识环境等方面进行改善。区域内的研发机构，如企业、高校等，就可以获得更好的技术机会，不断地改进学习能力，这必然会导致区域技术创新效率的提高。同时，已有创新成果对后续创新具有积极的引导性作用，之前创新成果丰富的地区，其后续创新成果也相对容易地被创造出来。因此，在创新成果和技术创新效率的累积性作用下，区域创新的先发性优势越来越大，技术创新的区域"马太效应"正是在这种正向累积循环下产生。

(二)拓展外资功能是装备制造业技术创新的动力

对区域而言，装备制造内资企业并不是技术创新的唯一主体，但是需要强调的是：装备制造内资企业在技术创新中发挥着不可替代的积极能动作用。学习国外先进管理经验和技术、合理利用外资，从而提高技术创新效率及产出水平。鼓励外资企业与本地企业建立起多层次、多角度的联系，尤其是经由产品联系而发展起来的技术联系。引导外资以合资、并购等方式对区域内装备制造业进行投资，提高 *FDI* 的产业关联效应。制定相应政策，要求外资企业在中国设立研发机构和人员培训中心，倡导外资企业与本地企业、高校以及科研机构进行合作研发，加强内外资企业间的技术交流与技术联盟，以此增加外资企业对内资企业的技术溢出渠道和方式。

（三）区域之间合作是装备制造业技术创新的支撑

我国装备制造业区域维度技术创新是指该产业依赖当地资源，自主解决本区域装备制造业发展的重大关键技术问题，以原始创新、集成创新以及引进基础上的再创新为主要实现形式，推动区域装备制造业结构升级，提升该产业区域竞争力，转变经济增长方式，提升区域整体经济活力的技术经济活动。我国装备制造业区域维度技术创新是一个持续积累和学习过程的结果，并且该结果在市场体系中能够得到认可。因此，区域维度我国装备制造业技术创新不是简单以各省、自治区、直辖市为分散、独立的个体开展研究，而是立足于本区域，辐射周边区域乃至全国范围的区域网络，区域之间的技术溢出效应也是影响本区域装备制造业技术创新效率的重要因素。在技术引进方面，政府应加强引导，减少或消除技术引进方面的区域之间恶性竞争，减少重复和低水平技术引进。

第八章
政策建议及研究展望

第一节　主要结论

一、科技金融与技术创新的关系

第一，全国范围内，技术创新非有效区域的科技金融投入对技术创新效率的影响存在差异。全国静态面板模型中，科技金融的投入方式对技术创新效率的积极影响由大到小排列依次为债券筹资、风险投资和政府财政科技支出。然而，在技术创新非有效地区，科技金融对技术创新效率的正向影响则主要体现在债券筹资、政府财政科技支出和银行金融机构贷款，并且，政府财政支出的作用大于全国。

第二，技术创新效率自身滞后项的回归系数为正，这说明技术创新活动自身惯性对技术创新效率有显著影响，技术创新活动具有连续性。

第三，在各种科技金融方式的作用中，股票市场筹资和科技保险对技术创新效率的正面作用不显著。因此，需要完善建设金融资本市场来激发各项科技金融投入方式的活力。

二、技术创新与装备制造业的关系

结合上文从产业维度和区域维度对我国装备制造业的技术创新现状以及影响因素进行了理论与实证分析，得出以下四点结论：

第一，近年来，我国装备制造业总量规模发展已位居世界前列，产业规模整体发展速度较快。在该产业发展过程中，外资企业是该产业的重要组成部分，其工业总产值、增加值、出口等主要经济指标，外资企业都占较大比重。我国装备制造业以外资企业为主导的“加工贸易—再出口”贸易增长模式已经成为拉动中国外贸出口、推动中国经济持续快速增长的重要组成部分和支撑力量。但是，由于核心技术及自主品牌的缺乏，我国装备制造业这种粗放型快速增长模式使该产业的发展受到了严重限制，在国际产业体系中只能位于较低层次，同时产业国际竞争力相对于产业整体规模来说相对滞后。因此，加大该产业技术创新投入力度，特别是提升我国装备制造业自主技术创新水平，是我国装备制造业实现产业升级转型、提升整体国际竞争力，进而建设创新型国家的必经阶段与必然要求。

第二，从产业和区域两个维度，本文分析了影响我国装备产业技术创新效率的主要因素，并基本证实了以企业为主体的研发投入对该产业技术创新效率及产出水平具有正向促进作用。实证研究发现，我国装备制造内资企业自身的研发投入水平与以技术引进和购买为主的技术升级方式之间存在明显的竞争机制，这种竞争在一定程度上强化了装备制造行业内的市场竞争水平，更为重要的是，多种技术升级方式的存在还提升了自主创新企业进行研发行为的针对性，提高了研发投入的效果。以上两方面的结论说明：想要提升我国装备制造业技术创新效率，进而提高该产业整体的国际竞争力，加大以企业为主体的研发投入水平是这一过程的主要推动力量。

第三，本研究针对在我国装备制造业发展过程中，*FDI* 是否提升了我国装备制造业整体技术创新效率这一命题，做出了适当的分析和判断。本研究认为：近年来，我国装备制造业 *FDI* 的大规模进入从整体上促进了该产业整体技术创新效率的提高。不过，*FDI* 体现出明显的异质性特点，其最大的问题在于正向的技术溢出效应主要有益于外资企业本身，而对本土企业的溢出效应则不明显。在不同行业中，上述问题同样存在。

第四，本研究基于产业和区域维度技术创新效率影响因素的分析表明，地理位置对于我国装备制造业区域维度技术创新具有较为显著的影响。区域外商直接投资对于该产业区域技术创新效率的技术溢出效应不显著，而区域创新环境的提升对我国装备制造业区域维度技术创新效率具有显著的促进作用。该结论说明创新环境对于该产业技术创新效率的提升具有至关重要的作用，以企业为主体的 *R&D* 投入以及 *FDI* 进入都离不开良好创新环境的支撑。在某种意义上，良好的技术创新环境是我国提升装备制造业技术创新效率的根本保证。

第二节　我国装备制造业转型升级的政策建议

结合以上分析，本研究对如何促进我国装备制造业良性、可持续发展，提高装备制造业技术创新效率，分别从产业维度和区域维度给出以下两方面建议：

一、产业维度装备制造业技术创新效率提升路径

全面正确地理解产业技术创新效率，应该不仅从技术创新过程本身的视角出发，还应该从产业所处环境的视角进行探讨。通过以上分析可以发现，很多因素共同作用影响着技术创新效率，对于发达国家而言，已经有很多经验分析其产业技术创新的路径，但是，对于中国而言，对技术创新的经验分析才刚刚进步，相关文献研究不多且所获成果较少。所以，笔者结合以上研究，对提升装备制造业技术创新效率给出以下几点建议。

（一）加大研发投入促进技术创新

结合上文的分析，研发资源主要包括两大部分：一是研发资本，二是研发人员。因此，要加大这两个方面的投入力度，以提升装备制造业技术

创新效率。

1. 拓展研发资本投入

资金投入对于技术创新来说是至关重要的。要建立起多层次、多渠道的科技投入体系，实现科技与金融的完美结合。

第一，引导装备制造企业发挥投资主体作用。积极通过增强企业的创新意识，进一步明确企业是技术创新的主体，并且营造出有利于企业加大技术改造和技术创新投资的良好环境，形成企业投资稳定增长的长效机制。引导企业主动增加研发投入，保证每年的年营业额中至少有 2% 用于研发[1]，实现自我发展、自我积累。

第二，加大政府的研发资金投入。政府需要发挥自身作用，对阻碍装备制造业发展的关键性技术，集中优势资源进行攻克，同时成立国家级的装备制造技术研究中心，以提升产品研发、试验、制造以及检测等方面的能力。同时，还要加大政府对传统装备制造业技术改造的资金支持力度，每年用于技术改造的专项资金增长速度应不低于财政收入的增长速度，并且，设立重大装备研发风险基金，专门用于支持重大技术装备研发，努力提高重大技术装备的国产化水平。加大技术创新的奖励力度，充分调动科技人员的技术创新积极性。

第三，逐步实现投资主体多元化。在国家层面的相关政策指导下，制定出一系列鼓励外商和民营资本进入装备制造领域的优惠政策，同时，在这一过程中，还需要协调企业和银行的联合协作机制，加大金融资金对装备制造业的支持力度，落实银行对企业的政策性贷款。

2. 提高研发人员素质

以人为本是所有创新活动的根本所在，这一点已经被国内外的实践经验所证实。要想在全球的装备制造业产业竞争中取得优势，拥有一支由高

[1] 美国、日本等国，此比例均保持在 2% 以上。

素质人才所组成的研发队伍是必备的基础。在企业层面而言，要提高自身的竞争力，就必须把人才的培养放在首要位置，采取多样化的手段和措施，根据装备制造业的行业特征和岗位特点，建立完善的人才培养机制。

第一，建立具有长效机制的技术培训体系。西方的成功经验表明，完善的职业技术培训体系是所有制造业发展的重要基础。通过各种形式的职业培训，加强在职和潜在职工的职业操作技能，以多种方式培养出符合需要的应用型和操作型人才，这是有利于制造业产业发展的，对于装备制造业也不例外。同时，加强高校和企业之间的联系和合作也是必要的。双方进行良性互动，企业结合自身特点对高校的人才培养体系提出建议，高校在调整课程体系的同时，也可通过在企业建立实习基地的方式强化人才培养的有效性。

第二，加快建设“职业经理人”队伍。打造熟悉国内外装备制造业发展动态、具有国际视野、了解国际规则、懂经营、会管理的职业化、现代化、国际化的人才梯队。在使用人才方面，要积极完善科技人员奖励分配机制并努力改善人才生活和科研条件。重点培养有市场眼光的工程技术人才和高素质的技能人才。

第三，要进一步完善人才激励机制。构建人才评价体系和标准，凡应用技术的研究成果，都要以自主知识产权的形成和产业化为价值判断标准，政府鼓励的应用技术研究，必须明确成果转化过程中相关研发人员的正当权益。对重大技术装备研制、开发、使用和推广做出突出贡献的人员，可按比例提成或给予奖励。要建立科学的人才评价体系，废除论资排辈，形成“能者上、平者让、庸者下”的用人格局。在积极改善人才生活条件的同时，还要为人才提供更好的工作条件，创造更多的成长机会，让各类人才在彼此信任、宽松和谐的环境中，施展各自的才能。鼓励有条件的装备制造企业设立博士后科研工作站，建立良好的科研场所为装备制造业输送人才。

第四，在人才引进方面，要着重引进行业内的技术带头人，特别是具有较高的学历，同时又具有管理才能的复合型人才。利用各类型的国家级研发中心、工程中心和优秀人才创业基地等各种主体加强对于上述高级人才的引进措施，同时积极落实相关的配套措施，解决各类人才的福利和待遇问题，使其能安心地投入到各类研发工作中。

（二）壮大企业规模有利于技术创新

在熊彼特的创新理论里面，企业规模是影响企业创新的重要因素，扩大规模能够促进企业的研发行为。因此，在装备制造业的技术升级道路中，壮大企业规模也是一个重要的方式。从发达国家的经验来看，大型装备制造企业无不是大型企业集团，具有超大的企业规模，这有利于全球化资源配置，同时也增强了企业的系统集成能力和融资力度，有利于创新和研发活动的展开。我国政府“十二五”规划中已明确把发展大型企业集团作为装备制造业未来发展方向郑重地提出。当然，在具体的实施过程中，有多种方式促进企业的强势组合。

1. 鼓励国内企业兼并

鼓励国内装备制造企业进行跨行业、跨地区、跨所有制联合重组，并做好相应的安置工作。支持兼并重组后的装备制造企业通过股票、债券等多种方式进行融资活动，以获得发展需要的资金。同时积极支持针对国外装备制造企业的并购，并在风险可控的条件下鼓励金融机构对相关的并购业务进行金融支持。

2. 开展国际企业并购

目前，发达国家产业发展重点转向新兴产业，要紧紧抓住这个历史性机遇，通过战略性投资，以外包、参股控股及联合体等多种形式，开展企业并购，促进装备制造企业的内部机制创新和组织变革 。

3. 坚持技术创新和制度创新相结合

实行市场化的运行机制，鼓励装备制造企业独立核算，全员聘任，同时建立技术中心、设计中心等技术创新机构，建立起与市场经济相适应的技术创新体制。此外，一个可行的措施是扩大博士后工作站的建设范围，吸引高端科技人才加入，发挥人才的集聚效应。

（三）适当市场竞争激发技术创新

市场竞争是科学创新和技术创新的重要区别。如果没有技术创新市场需求的推动，技术创新成果的规模化生产难以想象[1]。在确定技术创新的方向时，要多关注国际上的新动向，了解国内和国外新的市场需求。由此可见，适当市场竞争可以激发技术创新。

1. 技术创新必须以市场需求为目标

技术创新不仅是知识的发现，更重要的是知识运用，纯粹的技术突破而没有市场的技术不属于创新。技术创新是一种经济活动，其行为与市场有着千丝万缕的联系，市场占有率是检验技术创新是否成功的最终标准，经济效益是评价技术创新的重要的指标。装备制造业技术创新活动都必须围绕产品在市场上得以销售，获得商业利益，并且不断以新产品继续占有市场。

在市场经济条件下，市场是所有经营活动的裁判员，并根据经营活动的有效性决定其各自的地位和分配利益。技术创新和市场竞争的关系是相互联系、相互渗透、互为前提以及互为补充。所以，使市场需求得以满足，也离不开技术创新，与此同时，技术创新也不能脱离市场需求的支持，不能滞后或超越市场需求的现实水平，也不能忽视市场购买者的实际承受能力。

2. 市场竞争加速技术创新进程

竞争力是装备制造业生存和发展的基础，也是装备制造业能否在市场和资源方面占有优势的关键。装备制造业必须具有极强的竞争力，才能够

[1] 路甬祥于2008年3月14日接受人民网采访时谈到此观点。

持续发展。竞争力从何而来？在现代经济条件下，重要的办法之一就是要拥有核心技术。装备制造业如何在市场中提高竞争力，关键是研发出新产品，重点是技术创新。目前，在不断变化的全球环境中，来自装备制造业内部和外部的各种力量正在推动装备制造业开展技术创新，这样做的主要目的就是满足不断变化的顾客需求和不断加剧的市场竞争。装备制造业产品特点是升级速度快，这决定了该领域的技术创新要有很强的连续性，装备制造业保持竞争力的关键是持续地在某一领域或某一产品范畴进行技术创新。

技术创新同时也是一种创造性的毁灭，没有进行技术创新的装备制造业将被淘汰，而进行了技术创新的装备制造业得到了生存和发展。技术创新是决定装备制造业国际贸易地位和竞争力的关键性因素，是经济增长的源泉和动力，是经济发展的目标和主题。装备制造业只有持续进行技术创新，并且不断地从一次技术创新走向另一次技术创新，才能取得市场竞争优势。

（四）注重技术的引进转化吸收

目前，我国装备制造业用于技术引进的经费与用于消化吸收的经费之比约是 10∶1，消化吸收的投入还处于较低水平，与此同时，在一般工业化国家这一比值约是 10∶3，在日本等工业化强国，这一比值约是 10∶5。技术引进与消化吸收的投入比例失衡，对提高消化、吸收和再创新能力是一种阻碍[1]。因此，在正确使用国外先进技术资源的基础上，必须把引进先进技术和消化吸收创新更好地结合起来，同时紧紧抓住中国经济处于高速增长的大好时机，建立起产学研联合的消化吸收体系，加大消化、吸收和再创新的投入力度，尤其是对关键性技术、战略性技术及核心技术的消

[1] 吕达，张志勇．发达国家技术引进消化吸收再创新成功经验与借鉴 [J]. 党政干部学刊，2012.

化、吸收和再创新力度。同时，为了避免低水平重复引进，做到高起点引进先进适用技术，政府部门也要加强对技术引进的指导及监管工作，引进专利技术及必要的关键性设备，大力增强自主技术创新能力，大力促进我国装备制造业从技术引进主导型模式向自主技术创新主导型模式转变。

另外，装备制造业具有技术密集、带动作用强、附加值高、成长空间大等特点。目前，对我国装备制造业而言，过度依赖投资增长，技术创新能力弱，以及缺乏核心技术和自主品牌是面临的主要问题。此时，对于国外先进技术的消化再吸收就显得尤为重要。同时，为了使装备制造业的技术创新模式由引进技术型向引进技术与自主开发相结合转变，还需要逐步加大自主设计、自主研发的比重，最终走向自主创新型的道路，以带动我国装备制造业发展。

（五）合理利用外资为己服务

装备制造业既是资金密集型产业，也是知识密集型产业，其发展在很大程度上取决于能得到的资金和技术。目前，我国装备制造业自身造血机能较差，同时，外部融资环境不够完善，这使我国装备制造业发展面临着巨大的资金缺口。如何有效利用外资为己所用，是促进我国装备制造业技术创新的重要手段。

1. 加大外资引进力度

做好引资前的投资软环境建设是加大外资引进力度的前提条件。以往由于投资软环境差而导致对外资缺乏吸引力的现象屡见不鲜。因此，深化行政管理体制改革，改变行政干预多，公信力不强、审批环节复杂，服务不到位等问题必须得到改善。同时，在引资结构方面，要强化对前沿技术的引进，减少对设备的引进；在引资内容方面，要注重资源节约型、环保型项目及科技含量高、市场前景好的项目，减少对污染项目和已被淘汰技术的引进；在引资重点方面，要引进新兴装备制造业技术，减少过时装备制造业技术的引进；在引资政策方面，要诱导外商直接投资中间产品和关键性产品的生产，把吸收外资从总量扩张转移到结构优化的方向。在加大引资力度的同时，还需要注重维护内外资企业的公平竞争，加强对装备制造内资企业自主技术创新能力的培养。

2. 丰富与外资的合作形式

为保证引进外资形式的多元化，我国装备制造业应寻找多种途径，探索推广多种融资形式。除涉及国家安全的重大装备制造业以外，应鼓励采用国际通行的跨国并购方式来吸引外商投资，允许外商以股权收购的方式参与国有装备制造业改革。通过利用设备加速折旧、提供国产装备的买方信贷或卖方信贷、技术改造贴息等政策，鼓励跨国公司参与我国装备制造业不良资产重组。现今，跨国并购已经成为国际上的一种流行的投资方式。我国装备制造业在实施跨国并购时，需要从三方面充分做好前期的调研，分别是技术水平、技术市场和公司管理。技术水平要考虑并购与自己核心业务相关的技术，要确保技术的新颖性和实用性。技术市场要做好调研工作以及市场分析工作，以减少信息不对称导致的风险。公司管理涉及获取的技术要与现有技术水平相匹配，还要考虑到公司整合文化及人力资源的能力，加大研发投入以形成自主研发的能力。

3. 深化对外资的消化和吸收

自主技术研发与引进技术相结合是我国装备制造业发展的技术路线，在技术引进方面，应注重对技术的消化和吸收，淡化对成套设备生产线的引进。我国装备制造业置身于国际装备制造业的链条中，应加快装备制造业与国际知名跨国公司在制造技术方面的对接，鼓励外资参与大型装备制造业的技术改造，以提升我国装备制造业技术引进的层次。在具体操作过程中，首先，必须明确美、德、日等发达国家在装备制造业的技术优势；其次，从不同角度展开合作，提高我国装备制造业的加工制造水平、技术含量及市场竞争力。在引进技术的消化和吸收资金方面要加大投入，设立引进技术消化吸收再创新的专项资金，走出低效益循环的窘境，加快消化吸收软件技术的速度，摆脱外资企业对核心技术的控制，争取在消化吸收中提高技术的研发水平。

二、区域维度装备制造业技术创新效率提升路径

通过上述的理论分析和实证研究，可以清楚地发现区域技术创新系统由五大部分构成，分别是：企业、政府、科研机构、对外开放水平及技术创新环境。并且这五大部分对技术创新产生不同的影响。因此，想要提升区域维度装备制造业技术创新效率，就必须从这五个方面出发，一一绘制出提升路径。

（一）强化企业的技术创新主体地位

强化企业在技术创新中的主体地位，明晰权责机制，让企业成为决策、投资、利益和风险承担的主体，这是提升企业创新效率的重要路径。为此，必须从基本体制机制、人才培养机制和企业文化三个层面入手：

1. 加快装备制造企业体制创新

强化装备制造企业在技术创新中的主体作用，既是明确装备制造企业技术创新的价值取向，更是装备制造企业创新体制的良机。体制创新是技术创新的基础和保障。通过体制创新，为装备制造企业技术创新营造良好的环境和氛围，激发技术创新活力。

第一，深化我国装备制造内资企业体制改革。目前，我国国有装备制造企业体制改革已超过大半[1]。中央企业已开始推进董事会制度，使决策更加科学，管理更加有效。然而，改革仍未到位，还有一些深层次的矛盾没有得到解决。为此，依然要加快现代企业制度的建立，例如，完善法人

[1] 李兆熙，张永伟．中国国有企业制度30年的变革[J]. 黑龙江社会科学，2008.

治理结构，加大规范董事会建设，建立科学合理的绩效评价体系等。

第二，调整经济布局和结构。近年来，装备制造内资企业通过联合重组，使其资源得到优化配置，产业链和价值链也得到延伸和完善，规模效应得到了发挥，从而推动装备制造内资企业的技术创新。但是，此机制调整对于技术创新的贡献率还很低，这说明调整的力度还不够。因此，应加快战略性调整，大力推进装备制造企业跨地区和跨行业的重组，让装备制造内资企业与装备制造外资企业的分工协作相结合，优化国民经济的布局和结构。

2. 完善创新人才机制

技术创新的载体是人才，是人才智力的创新。技术创新效率的提升，必须以创新的管理模式来建设人才队伍。

第一，增加对装备制造企业员工的培训投入。装备制造企业的技术创新效率很大程度上是积累和凝聚在人才队伍中，人才不仅是利用问题，更是对人力资本增值的投入问题。培训是人力资源管理与开发的重要组成部分，在改变人才的思维方式、行为习惯、增强企业竞争优势等方面都起着极大的作用。我国装备制造企业应营造良好的技术学习氛围，使培训工作制度化、规范化，并且加大对现有人才的培训投入，根据岗位要求分类、分层次进行培训。

第二，注重高端人才的引进、培养和使用。装备制造企业需要积极通过各种方式引进、培养和使用高端人才，才能在国际市场上有较强的竞争力，尤其要加大对科研型、创新型、新领域等重点人才的投资力度，逐步改善装备制造企业人才资源配置结构。

3. 建立企业技术创新文化氛围

企业文化在影响促进人力资本管理方面起着非常重要的作用。创新文化实质是营造重视知识和人才的氛围，创造富有活力的技术创新环境，促使员工不断学习、勇于创新，不仅促进技术创新活动的实施，也使装备制造企业能提升技术创新能力。

第一，强化企业家的创新精神作用。企业家不仅是企业技术创新的决策者、实施者，同时也是企业创新文化的规划者。所以，企业家创新精神是企业创新文化的核心和灵魂。为此，企业家要有大力开拓、奋力拼搏、自我创新等意识，才能不断提升装备制造企业技术创新效率。

第二，营造浓厚的技术创新文化氛围。良好的技术创新文化氛围是建立创新型企业的重要基础性工作之一。在这方面，可以借鉴国外企业先进成熟的经验。要尊重个体创新思维，采取民主、和谐的管理方式，形成一种激励成功、宽容失败、发挥创新才能、奖励创新成果的企业文化环境。

（二）完善政府对技术创新的推动作用

装备制造业技术创新是一个复杂的系统工程，在这个系统中，装备制造企业是技术创新的主体，是技术创新体系的核心。与此同时，需要政府、金融机构、科研院所等机构，从政策、资金、市场等多方面着手，共同构成技术创新的支撑系统。

1. 拓宽装备制造业技术创新的资金渠道

由于技术创新的属性是外部性和半公共产品，政府应在装备制造业技术创新方面发挥重要作用。通过政策引导、整合资源、市场运作以及丰富技术创新的投入来源。在装备制造业政策方面应实现四个转变：从全面分散型技术开发向集中强化型技术开发转变；从支持个别企业为主向重视创新结构体系转变；从以供给为主的技术扩散向以需求为主的网络型技术扩散转变；从以技术研发为主向重视技术实用性和扩散转变。政府应调整财政科技性支出体系，加大对研发阶段的投入比重，尤其是一些社会性重大项目或企业无法独自进行的领域，与装备制造企业的研发形成互补。同时，还需要设立专项资金、重大项目基金、科技成果专项基金等，以帮助装备制造企业解决技术创新的资金约束。

2. 加快技术创新成果转化

科技成果转化只能在市场上得到实现，应加快建设技术和多层次资本市场，让技术转化、转移和应用更加快速。目前，科研机构与企业之间的衔接经常会出现脱节的情况，这不利于技术转化成社会生产力，也不利于技术未来的发展，此时中介机构可以介入其中并发挥积极作用。基于市场通行的规则，中介机构可以为各主体提供信息和技术咨询、成果鉴定、政策评估、专利代理、产权交易、风险投资、人才交流等方面的服务，为技术创新与市场需求之间搭建沟通渠道，推动科技成果在市场中的价值增值，成为促进技术创新和装备制造业升级的助推器。

3. 完善知识产权制度

知识产权保护对技术创新所发挥的作用极为重要，具有主要知识成分的无形创造活动将成为21世纪最有价值的财产形式[1]。我国装备制造业目前的知识产权面临的形势依然严峻，不仅自主知识产权的数量较少，而且很多装备制造业不重视知识产权工作，更加不懂如何有效地实施知识产权保护战略。因此，一方面，政府应加大知识产权工作的投入，主要是对专利宣传培训、专利执法、专利申请及保护等的支持；另一方面，政府或民间应向自主知识产权的项目或产品加大资金投入力度，开拓多元化的投融资渠道，促进拥有自主知识产权的装备制造业发展。

（三）深化产学研合作机制

我国装备制造业技术创新的重要着力点是整合产业链上中下游资源，提升整体技术创新效率。技术创新效率不仅取决于企业层面的技术创新活动，还依赖于所有技术创新部门之间的联合。实现技术创新合作的有效机制是产学研合作，是提升装备制造业技术创新效率的主要途径，也是提高

[1] 傅瀚宵 . 论知识产权保护政策对于国家技术创新的重要性 [J]. 河北能源职业技术学院学报，2007.

装备制造业技术创新效率的重要支撑，其联合的深度与广度，更是决定一个国家持续竞争优势的关键因素。

1. 企业、高校和科研机构建立有效合作机制

为了促进我国装备制造业产学研合作，需要明确装备制造业和装备制造企业的需求，不仅是鼓励高校、科研机构的研发人员进入装备制造企业，也可以将行业界的高级管理人员、研究人员等多渠道引进高校、科研机构中，通过装备制造企业与高校、科研机构之间的文化、目标、习惯等多方面磨合，逐渐形成装备制造企业与高校、科研机构的有效合作模式。并且，要增强产学研合作的动力，需要依托项目，加强装备制造企业与科研机构、高校之间的研发和吸收能力。所以，对大型装备制造企业，要鼓励其多渠道提升科研吸收及创新能力；而对中小型装备制造企业，可以借助价值链模式加强与大型装备制造企业之间的技术联系，或增强与高校、科研机构合作的基础和实力。

2. 加强产学研合作的有效支持

在技术创新体系中，通过产学研合作推进技术创新，不仅需要装备制造企业与高校、科研机构的合作。同时，也需要政府部门、科技中介机构和金融机构的大力支持。中国政府不仅要出台各种政策引导产学研合作，还要在产学研合作中扮演推动者角色。尤其是在金融支持方面，不仅要在产学研合作技术创新环节给予支持，更需要对有前途的设备在生产和市场推广环节给予贷款支持。而成立中介组织、引入第三方模式的推广，需要政府采取相应措施来完善产学研合作的服务支撑体系和信息咨询系统。

3. 正确引导产学研合作

由于发达国家的装备制造企业拥有核心技术，引进技术以及与跨国公司的技术合作是我国装备制造业得到技术创新源的主要途径。然而，长此以往会限制装备制造业的发展空间。所以，在引进技术的基础上进行产学

研合作，以此增强我国装备制造业的技术吸收、消化和二次创新能力。此外，产学研合作时也要充分考虑到行业之间及产业之间的差异性，使产学研合作更有效地发挥作用。

（四）扩大对外技术创新交流

对外贸易促使装备制造业资源的优化配置和生产的专业化，继而大大促进自身优势发展。通过参与国际贸易，可以发挥本国的装备制造业比较优势。通过引进国外生产要素，克服了要素瓶颈，使我国装备制造业获得最大限度的发展，增强了装备制造业的国际竞争力。

1. 引进先进技术，提升进口产品的技术含量

随着国际装备制造业的转移，发达国家正逐渐将技术含量较多的工序、边际行业转移到发展中国家，这是我国装备制造业发展难得的机遇。中国政府应鼓励装备制造业积极接受国际装备制造业转移，鼓励跨国公司进行技术含量高的中间投入品的研发和生产。切实加强关键性技术、急需的重大装备及国内市场紧缺的零部件进口，免征进口环节关税及增值税，利用进口设备的有效供给，推动我国装备制造业快速发展。

2. 强化装备制造业消化、吸收国外先进技术

当前，在全球金融危机的形势下，利用中国在国际上的吸引力和影响度，推动我国装备制造业主动引进国外高水平科技人才，购买有转化前景的先进技术成果和设备，进行消化吸收再创新是我国装备制造业积极应对国际金融危机的一项重要举措。

加强政策的引导，采取财税、金融等各种手段积极引进国外先进技术，同时采取措施重点保障对于引进技术的消化再吸收。在大力扶持大型企业的同时，也要注重对于中小型企业的扶持，鼓励面向中小型装备制造企业的技术扩散，提升中小型企业的整体技术水平。

3. 借助海外并购获取优势资源

目前，并购是全球*FDI*最主要的投资方式，我国装备制造业也应顺

应时代潮流[1]。从可持续发展角度看，装备制造业快速做强做大的根本是获得该领域的核心技术，而并购是实现这一目标的快速有效的手段。从规模和技术角度看，我国装备制造业的许多企业，如发电、船舶制造、重型机械、钢铁等，已经具备与世界最大企业抗衡的能力，通过对外并购可以实现发达国家的跨国企业所拥有的地位。虽然，并购会给我国装备制造业带来诸多收益，但也应谨防并购中的不确定因素以及潜在风险。目前，我国装备制造业已经发展到全新阶段，正确做法是以积极的态度对待海外并购，在全球市场范围内整合资源。这也是我国装备制造业实现产业升级和合理配置资源的重要路径。

（五）改善区域技术创新环境

鉴于装备制造业拥有重要战略性地位，各国在发展装备制造业的同时，也在积极改善区域技术创新环境。从美国、日本、德国等装备制造业强国的发展轨迹来看，政府的法治保障和政策支持在促进本国装备制造业技术创新方面起到了非常重要的作用。由此可见，为了促进我国装备制造业发展，提升国际竞争力，政府需要进一步完善区域技术创新环境。

1. 财税政策环境

改革开放以来，中国制定了多项财税政策。但是，某些财税政策目标不明确，政策之间缺乏相互的一致性和可行性，审批手续复杂烦琐。因此，对推动装备制造业发展所发挥的作用并不显著。然而，财税政策实际上具有政策可操作性、产业引导性及效果显著等特征，是国家支持装备制造业发展最有力的政策措施。因此，为了推动装备制造业良性发展，促进装备制造业技术创新，应该充分发挥财税政策的巨大作用。

第一，设立和完善装备制造业专项基金。每年在财政预算中固定安排

[1] 美国经济学家 George Joseph Stigler 曾经提到“综观美国著名大企业，几乎没有哪一家不是以某种方式，在某种程度上应用了简便、收购而发展起来的”。

一定比例的资金，通过给予装备制造企业项目补助和固定资产贷款贴息等形式，支持国家重点建设项目，对结构调整和产业升级有重大影响的项目以及开展重大技术创新的装备研制项目，予以重点关注。具体措施包括：设立装备制造业研发基金、研发风险基金及投资基金等。

第二，优化税收政策。加快增值税从生产型向消费型的转型改革，提高装备制造业购买固定资产税额的抵税比例，以此促进装备制造业重视技术创新，提高技术水平。停止或减免中国已有能力制造设备的进口关税税率，提高成套设备和主机的进口税率，降低关键零部件的进口关税税率，以加快先进技术装备的国产化进程。对出口技术装备给予长期贴息贷款和贷款优惠。完善装备制造业所得税优惠政策，减轻装备制造业的税收负担，增强装备制造业竞争力。

第三，实施多元化财政支出政策。加大国债投资和地方贴息的倾斜力度，对装备制造业的基础建设项目、技术改造项目和高端产品生产的贷款予以一定财政贴息。进一步扩大政府采购规模，培育装备制造业的技术创新项目，以此促进装备制造业发展。为装备制造业建立专项财政转移支付，帮助国有装备制造企业解决机制性和体制性负担，让其重新焕发活力。

2. 金融政策环境

金融业既是现代服务业的重要经济部门，同时也是装备制造业开展技术创新的动力源泉。在装备制造业产业发展过程中，金融政策是必不可少的有效措施之一。过去，由于装备制造业的不良贷款比例偏高，商业银行实行不良贷款问责机制，导致“惜贷”等现象出现，在一定程度上影响了装备制造业的正常融资需求，同时也制约了装备制造业进行技术创新。因此，非常有必要完善金融制度，使其最大限度地发挥作用。

第一，政府职能转变，建立金融平台。政府金融监管部门应尽快制定有利于装备制造业发展的金融政策、扩大信贷规模及增加信贷投入，提高对装备制造业的金融服务质量。工业信息部门应加强与金融机构的联系，适时向金融机构推荐业绩好、信誉好、需要信贷的装备制造业。金融机构对于符合国家产业政策、经济效益好、市场前景好的装备制造业给予优先信贷支持，鼓励其进行技术创新。

第二，完善金融服务，支持企业发展。金融业应参照产业目标制定相应的发展战略，以此推动装备制造业技术创新。金融工作需要将重点放在培育一批拥有核心竞争力强、自主知识产权、资源消耗低、环境污染少的企业。金融服务方面更多地关注制度建设和市场建设。例如，加强知识产业保护、鼓励风险创业投资、用市场的激励方式作为技术创新导向，允许分享技术创新带来的利润，也要承担可能发生的风险。探索建立补偿基金，运用现代经济手段推进装备制造业开展技术创新。

第三，拓宽融资渠道，创新融资模式。鼓励重大技术装备制造企业改制上市，发行企业可转换债券，打通企业进入资本市场的渠道。政府应鼓励符合条件的装备制造企业通过境内外上市融资、通过发行企业债券等方式进行筹集资金。银行业应向先进装备制造企业实行贷款倾斜政策，并探索多种贷款抵押担保方式，例如，允许以专利技术成果等作为抵押物。拓宽了融资渠道，更有利于装备制造业进行技术创新。

3. 法律法规政策环境

目前，中国还没有专门适用于装备制造业的法律。因而，中国应该尽快制定并实施装备制造业的法律、法规和规章。在所制定的法律中，明确装备制造业发展规划、优惠政策、政府责任以及企业行为等环节的运行机制，以保证装备制造业发展政策的系统性、权威性、稳定性和协调性。公平的竞争环境和规范的市场秩序是保障和促进装备制造业发展的必需条件，而这一切需要通过法制环境建设才能得以实现。

国际上，通常是采用产业立法来规范产业活动，让装备制造业在立法和市场的双重力量驱动下发展起来。例如，日本在20世纪60年代相继制定和实施了三部法律，即《特定电子工业和机械工业振兴临时措施法》《机械工业振兴临时措施法》和《特定机械情报产业临时措施法》，以确保加快实现大型装备自主制造。中国应尽快将装备制造业立法列入全国人大和国务院的立法计划中。在全面总结我国装备制造业发展的成功经验，借鉴国外产业立法形式的基础上，研究制定有关我国装备制造业的法律法规。随后，各省、市、地区依据国家出台的装备制造业法规，结合本地装备制造业发展现状，制定出适合本区域实际需要的行政法规。

第三节　研究展望

本文重点对科技金融如何促进技术创新，进而带动装备制造业转型升级做了一些试探性讨论。由于作者水平有限，难免出现疏漏，在理论和实践很多方面还有待做进一步的探讨。

第一，科技金融对技术创新的影响，除了文中提及的因素外，是否还有其他因素？分别是哪些因素？它们如何影响技术创新？深入而且细致地挖掘出这些因素，并逐一分析出影响机制和相关系数，对未来的研究大有益处。同时，是否存在技术创新对科技金融的反向影响，也是值得研究的问题。

第二，由于相关数据的局限性，本研究产业维度的实证分析对象为我国装备制造业的7个大类行业，而未精细到42个中类行业。由于装备制造业中不同企业在产业性质、所处环境等方面具有较大的异质性，因此，在未来的研究分析中，如果能利用企业层面的微观数据，实证研究得出的结论可能更加贴近现实，从而更具指导意义。

参考文献

[1] 白俊红，江可申，李姑. 中国区域创新效率的收敛性分析［J］. 财贸经济，2008.

[2] 卜伟，乔文俊，蔡慧芬. 增值税转型对我国装备制造业研发投入影响的实证研究［J］. 北京交通大学学报（社会科学版），2011.

[3] 陈红梅. 基于 AHP 和 DEA 的装备制造业行业技术创新能力综合评价［J］. 企业经济，2009.

[4] 陈晓东. 改革开放 40 年技术引进对产业升级创新的历史变迁［J］. 南京社会科学，2019.

[5] 陈凯，冯晓玲. 全国主要省市装备制造业产业竞争力比较［J］. 社会科学辑刊，2011.

[6] 陈柳钦. 我国装备制造业自主创新之路［J］. 科学发展，2009.

[7] 曹文芳. 科技金融支持科技创新的实证检验［J］. 统计与决策，2018.

[8] 陈伟，满胜永，吴雷. 基于 DEA 的黑龙江省装备制造业管理效率评价［J］. 科技管理研究，2009.

[9] 陈越. 我国装备制造业自主创新现状、问题及建议［J］. 产业与科技论坛，2008.

[10] 程竹生. 加快振兴我国装备制造业［J］. 中国经贸导刊，2004.

[11] 崔万田. 中国装备制造业发展研究［M］. 北京：经济管理出版社，2005.

[12] 杜江. 科技金融对科技创新影响的空间效应分析［J］. 软科学，2017.

［13］丁云龙，李玉刚. 从技术创新角度看产业结构升级模式［J］. 哈尔滨工业大学学报（社会科学版），2001.

［14］段婕，刘勇. 基于因子分析的我国装备制造业技术创新能力评价研究［J］. 科技进步与对策，2011.

［15］范德成，沈红宇. 基于AHP模糊综合评价法的黑龙江省装备制造业持续创新能力评价［J］. 科技管理研究，2010.

［16］冯梅. 我国装备制造业技术进步研究：1996—2006［J］. 世界经济与政治论坛，2008.

［17］范德成，杜明月. 高端装备制造业技术创新资源配置效率及影响因素研究——基于两阶段Sto-NED和Tobit模型的实证分析［J］. 中国管理科学，2018.

［18］高麟. 装备制造业集群技术创新能力研究［J］. 科技进步与对策，2009.

［19］高伟凯. 我国装备制造业技术创新力的决定因素［J］. 现代经济探讨，2010.

［20］韩孺眉. 区域金融创新、科技创新与经济增长［D］. 沈阳：辽宁大学，2018.

［21］韩俊华. 科技金融创新的经济增长效应、运行模式和风险管理路径［J］. 科学管理研究，2018.

［22］韩江波，蔡兵. 技术创新与产业发展的互促机理［J］. 产业与科技论坛，2009.

［23］何枫. 金融中介发展对中国技术效率影响的实证分析［J］. 财贸研究，2003.

［24］何枫，陈荣，何炼成. SFA模型及其在我国技术效率测算中的应用［J］. 系统工程理论与实践，2004.

［25］何岩枫. 黑龙江省装备制造业人才开发现状研究［J］. 科技纵

横，2009.

[26] 胡凯. 区域创新体系中企业主体地位研究 [D]. 南昌：南昌大学，2007.

[27] 胡志坚，苏靖. 关于区域创新系统研究 [N]. 科技日报，1999.

[28] 华锦阳. 技术创新管理理论与案例 [M]. 北京：清华大学出版社，2007.

[29] 黄伟. 中国装备制造业的贸易保护与市场竞争 [D]. 成都：西南财经大学，2006.

[30] 纪淑娴. 装备制造业集群创新能力研究 [D]. 成都：西南交通大学，2005.

[31] 江小涓，李蕊. FDI 对中国工业增长和技术进步的贡献 [J]. 中国工业经济，2007.

[32] 姜百臣，欧晓明，徐蕾. 技术创新机制的国际比较及其对中国的启示 [J]. 科技管理研究，2009.

[33] 姜红. 加快中国装备制造业发展的意义与对策 [J]. 边疆经济与文化，2004.

[34] 简晓彬，车冰清，仇方道. 装备制造业集群式创新效率及影响因素——以江苏为例 [J]. 经济地理，2018.

[35] 姜绍华. 山东省装备制造业发展的思考 [J]. 山东经济，2007.

[36] 俊霞，张哲，温小霓. 科技金融支持高新技术产业发展的实证研究——基于系统动力学方法 [J]. 中国管理科学，2016.

[37] 蒋贤臣. 浅议辽宁省装备制造业技术创新能力现状 [J]. 经济研究导刊，2013.

[38] 金浩，李瑞晶，李媛媛. 科技金融投入、高新技术产业发展与产业结构优化——基于省际面板数据 P-VAR 模型的实证研究 [J]. 工业技术经济，2017.

[39] 李冰. 黑龙江省装备制造业技术创新能力的影响动因分析 [J]. 现代管理科学，2009.

[40] 李光泗，徐翔. 技术引进、市场结构、研发效率与二次创新 [J]. 工财经研究，2007.

[41] 李京文，黄鲁成. 关于我国装备制造业创新战略的思考 [J]. 中国软科学，2003.

[42] 李凯，李世杰. 装备制造业集群耦合结构：一个产业集群研究的新视角 [J]. 中国工业经济，2005.

[43] 李凯，李世杰. 装备制造业集群网络结构研究与实证 [J]. 管理世界，2004.

[44] 李凯，刘兆华. 国际装备制造业向中国转移状况及利用对策 [J]. 科技成果纵横，2003.

[45] 李美娟，陈国宏，陈国龙. 基于灰色关联度的产业技术创新能力评价研究 [J]. 山西财经大学学报，2008.

[46] 李妹，姜春海. 基于技术创新的辽宁装备制造业振兴途径研究 [J]. 宏观经济研究，2010.

[47] 李平，随洪光. 三种自主创新能力与技术进步 [J]. 世界经济，2008.

[48] 李士梅，李安. 中国高端装备制造业创新效率的测度分析 [J]. 社会科学战线，2018.

[49] 李习保. 中国区域创新能力变迁的实证分析：基于创新系统的观点 [J]. 管理世界，2007.

[50] 李相银，韩建安. 中国装备制造业区域产业竞争力比较分析 [J]. 江苏商论，2004.

[51] 李新男. 创新“产学研结合”组织模式构建产业技术创新战略联盟 [J]. 中国软科学，2007.

［52］梁新莉. 德国制造业发展对“中国智造”的启示［J］. 华北水利水电大学学报（社会科学版），2018.

［53］刘春芝，聂颖. 辽宁装备制造业技术创新状况的统计分析［J］. 沈阳师范大学学报（社会科学版），2006.

［54］刘斯敖，鲁炎根. 我国装备制造业的地区差异变迁分析——基于 1993—2007 年的 Theil 指数分析［J］. 生产力研究，2010.

［55］刘云. 专业人才：振兴装备制造业的基石［J］. 中国装备，2009.

［56］柳百成. 提高装备制造业自主创新能力［J］. 中国装备，2008.

［57］柳喜花. 中国装备制造业技术创新能力研究［J］. 沿海企业与科技，2006.

［58］李瑞晶，李媛媛，金浩. 区域科技金融投入与中小企业创新能力研究——来自中小板和创业板 127 家上市公司数据的经验证据［J］. 技术经济与管理研究，2017.

［59］潘凤湖. 我国装备制造业的发展前景分析［J］. 机电产品开发与创新，2001.

［60］潘智勇，朱怀意. 浅谈我国装备制造业发展战略［J］. 企业经济，2004.

［61］彭凡. 依靠自主创新加快先进装备制造业的发展［J］. 机械工人，2007.

［62］邱斌，杨帅，辛培江. FDI 技术溢出渠道与中国制造业生产率增长研究：基于面板数据的分析［J］. 世界经济，2008.

［63］曲波. 论振兴装备制造业的有效途径［J］. 理论观察，2008.

［64］曲盛恩. 高技术促进装备制造业技术升级的思路和对策［J］. 边疆经济与文化，2004.

［65］屈贤明. 装备制造业的振兴和产品创新［J］. 中国机械工程，2002.

[66] 孙晓慧. 科技创新、科技金融与科技产出的协同发展研究 [D]. 杭州：浙江大学，2019.

[67] 邵世禄. 对装备制造业人才队伍建设的思考 [J]. 甘肃科技，2009.

[68] 施金连. 当前装备制造业的发展特征及对上海的启示 [J]. 上海工业，2004.

[69] 石磊，寇宗来. 产业经济学 [M]. 上海：三联书店，2003.

[70] 石勇. 谈谈国外装备制造业的发展与振兴 [J]. 求是，2007.

[71] 史丹. 中国装备工业的技术进步 [M]. 北京：经济科学出版社，2001.

[72] 宋艳. 东北地区制造业企业技术创新能力对策分析 [J]. 商业经济，2008.

[73] 孙陈，王章豹. 我国装备制造业发展的 SWOT 分析 [J]. 科技管理研究，2007.

[74] 苏英. 我国科技创新与科技金融时序耦合协同的实证研究 [J]. 燕山大学学报（哲学社会科学版），2019.

[75] 孙伟. 我国 29 个省区市装备制造业聚类分析 [J]. 中国科技论坛，2003.

[76] 谭绍鹏. 辽宁省装备制造业技术创新能力研究 [D]. 大连：大连理工大学，2003.

[77] 谭智斌，周勇. 我国电子通信制造业技术创新能力评价分析 [J]. 现代管理科学，2006.

[78] 唐晓华，刘春芝. 装备制造业 R&D 投入强度、创新动力及合作趋向研究——以辽宁省为例 [J]. 社会科学，2005.

[79] 谭蓉娟. 战略性新兴产业科技创新与金融创新耦合效率研究 [J]. 科技管理研究，2015.

[80] 陶良虎. 湖北装备制造业竞争力研究 [D]. 武汉：华中科技大学，2005.

[81] 王玉珍. 科技金融生态关系与演化趋势的 Lotka-Volterra 模型分析 [D]. 昆明：云南财经大学，2019.

[82] 王德鲁，宋学锋. 装备制造业结构升级与产业聚集的互动机理和模式选择 [J]. 科学与科学技术管理，2009.

[83] 王福君. 区域比较优势与辽宁装备制造业升级研究 [M]. 北京：中国经济出版社，2010.

[84] 王国跃，李海海. 我国装备制造业产业集群发展模式及对策 [J]. 经济纵横，2008.

[85] 王九云，丁晶晶，王栋. 国外装备制造业发展经验及对我国的启示 [J]. 学术交流，2011.

[86] 王章豹，孙陈. 基于主成分分析的装备制造业行业技术创新能力评价研究 [J]. 工业技术经济，2007.

[87] 王志. 国外装备制造业政策比较与借鉴 [J]. 网络财富，2009.

[88] 王志. 美、日、印装备制造业政策比较与借鉴 [J]. 北方经济，2009.

[89] 王子龙. 中国装备制造业系统演化与评价研究 [J]. 科学出版社，2007.

[90] 卫红，刘永祥. 广东省装备制造业发展对策探析 [J]. 科技管理研究，2008.

[91] 吴莹. 中国科技金融的体系构建与政策选择研究 [D]. 武汉：武汉大学，2010.

[92] 吴雷，陈伟. 基于 DEA 的装备制造业技术创新能力的评价研究 [J]. 科技管理研究，2009.

[93] 吴延兵. 创新的决定因素——基于中国制造业的实证研究 [J].

世界经济文汇，2008.

[94] 王雅洁. 京津冀区域科技金融创新研究 [J]. 财经界，2019.

[95] 王金华. 科技金融政策对科技型中小企业技术创新影响的实证研究 [D]. 太原：山西大学，2018.

[96] 夏美霞. 我国装备制造业的现状和发展方向 [J]. 机械制造，2004.

[97] 肖奎喜. 创新驱动背景下实现中国科技金融突破性发展的制度安排及政策建议 [J]. 科技进步与对策，2016.

[98] 徐玉莲. 区域科技金融资金的配置效率研究 [J]. 科学管理研究，2015.

[99] 杨东奇，杜军. 基于因子分析的黑龙江省装备制造业技术创新能力评价研究 [J]. 科技管理研究，2009.

[100] 苑泽明. 科技型中小企业创新效率评价研究——基于科技金融政策投入视角 [J]. 科技管理研究，2016.

[101] 余修斌. 北京：中国制造业技术效率与国际竞争力的理论与实证研究 [D]. 北京：航空航天大学，2000.

[102] 于浪. 区域科技金融网络升级的政策作用机理与仿真研究 [D]. 哈尔滨：哈尔滨理工大学，2019.

[103] 张国宝. 我国装备制造业自主创新和世界装备制造业发展情况 [J]. 航空制造技术，2008.

[104] 张国宝. 装备制造业的自主创新问题 [J]. 求是，2008.

[105] 张青山，徐伟. 我国装备制造业竞争力提升的途径 [J]. 管理科学文摘，2004.

[106] 张威. 中国装备制造业产业集聚 [J]. 中国工业经济，2002.

[107] 张威. 中国装备制造业的产业聚集 [J]. 中国工业经济，2002.

[108] 赵丹，孙冰，易英欣. 基于 DEA-Malmquist 方法的装备制造

业自主创新能力评价［J］. 河海大学学报（哲学社会科学版），2018.

［109］赵德海，冯德海. 东北老工业基地装备制造业创新发展路径研究［J］. 商业经济，2008.

［110］赵华. 美国美日德俄制造业研发中的政府行为比较与启示［J］. 科苑，2010.

［111］赵敏，屈贤明. 关于沈阳装备制造业发展定位的思考［J］. 科技成果纵横，2003.

［112］赵忠华. 新兴装备制造业科技投入机制研究［J］. 科技管理研究，2008.

［113］周金宇，雷卫宁，孙奎洲，杨龙兴. 装备制造业学士型高技能创新人才培养模式初探［J］. 江苏技术师范学院学报，2011.

［114］周丽俭. 推进东北老工业基地装备制造业技术进步的政策思考［J］. 铜陵学院学报，2006.

［115］周亚庆，张方华. 区域创新系统研究［J］. 科技进步与对策，2001.

［116］周元，王海燕. 关于我国区域自主创新的几点思考［J］. 中国软科学，2006.

［117］朱森. 装备制造业创新能力需要三块基石［J］. 科学时报，2006.

［118］邹十践. 以信息化带动中国装备制造业的发展［J］. 建筑机械化，2002.

［119］Acemoglu , Daron; Simon Johnson and James Robinson. The Colonial Origins of Comparative Development［J］. *Amer. Econ. Rev.* 2001，91（5），369-401.

［120］Acs, Z. J., L. Anselin and A. Varga. Patents and Innovation

Counts as Measures of Regional Production of New Knowledge [J]. *Research Policy,* 2002, 31：1069–1085.

[121] Aes, Zoltan & Anselin, Luc & Varga, Attila, Patents and Innovation Counts as Measures of Regional Production of new knowledge [J]. *Research Policy*, 2002, 31：1069–1085.

[122] Anderson, Paul H. Organizing International Technological Collaboration in Subcontractor Relationship ：an Investment of the Knowledge–stickiness Problem [J]. *Research Policy,* 2005, 28：625–642.

[123] Arita, T. & McCann, P. Industrial Alliances and Firm Location Behaviour：Some Evidence from the U. S. Sennconductor Industry [J]. *Applied Economics,* 2000, 32：1391–1403.

[124] Basant, R., Fikkert, B. The Effects of *R&D*, Foreign Technology Purchase, and Domestic and International Spillovers on Productivity in Indian Firms [J]. *The Review of Economics and Statistics*. 1996, 78（2）：187–199.

[125] Breschi, S. & Malerba & Orsenigo, L. Technological regimes and Schumpeterian Patterns of Innovation [J]. *the Economic Journal*, 2000, 110（463）：388–410.

[126] Burt, R. *Strategic Holes: The Social Structure of Competition* [M]. Cambridge：Harvard University Press, 1992.

[127] Chatterjee & Xu. Technology Diffusion by Learning from Neighbours [J]. *Advanced Applied Probality Ttrust*, 2004, 36：355–376.

[128] Cheung, K, Y and Lin, P. Spillover Effects of FDI on Innovation in China：Evidence From Province Data [J]. *China Economic*

Review, 2004, 15：25-44.

[129] Cohen, W. and Levinthal, D. Innovation and Learning：the two faces of *R&D* [J]. *The Economic Journal*, 1989, 99, 569-596.

[130] Competitiveness Yearbook, 2002（6）：67-69.

[131] Dasgupta, P. and Stiglitz, J. Industrial Structure and the Nature of Innovative Activity [J]. *Economic Joumal*, 1980, 90（358）：266-293.

[132] David, P. A, & Hall, B. H. & Toole, A. A. is public *R&D* a Complement or Substitute for Private *R&D* ？ A Review of the Econometric Evidence [J]. *Research Policy*, 2000, 29：497-529.

[133] Dyer, J and K Nobeoka. Creating and Managing a High-performance Knowledge-sharing Network：the Toyota Case [J]. *Strategic Management Journal*, 2000, 21（3）：345-367.

[134] Fischer, M. & Varga, M. Spatial Knowledge Spillovers and Uinversity Research：Evidence from Austria [J]. *The Annals of Regional Science*, 2003, 37：303-322.

[135] Francesca Visintin et al. Italian Success and British Survival：Case Studies of Corporate Governance and Innovation in a Mature Industry [J]. *Technovation*, 2005, 25：621-629.

[136] Gemunden, H, T Ritter and P Heydebreck. Network Configuration and Innovation Success：an Empirical Analysis in German High-tech Industries [J]. *International Journal of Research in Marketing*, 1996, 13（5）：449-462.

[137] Harris, R. and Robinson, C. Productivity Impacts and Spillovers from Foreign Ownership in the United Kingdom [J]. *National Institute Economic Review*, 2004, 187：58-75.

[138] Hartley J. Management of Vehicle Production [J]. *Butterworths,* 2002（5）：78–80.

[139] Hollanders, H., ter Weel, B. Technology, Knowledge Spillovers and Changes in Employment Structure：Evidence from Six OECD Countries [J]. *Labour Economics*, 2002, 9, 579–599.

[140] Hu, A. G & Jaffe, A. B. Patent Citations and International Knowledge Fiow：the Cases of Korea and Taiwan [J]. *International Journal of Industrial Organization*. 2006, 21（6）：849–880.

[141] Hu, A. G., Jefferson, G. H., Qian Jinchang. *R&D* and Technology Transfer：Firm-level Evidence from Chinese Industry [J]. *Review of Economics and Statistics*, 2005, 87（4）：780–786.

[142] Javorcik, B. S., Does Foreign Direct Investnent Increase the Productivity of Domestic Finns ？ In Search of Spillovers Through Backward Linkages [J]. *The American Economic Review*, 2004, 94（3）：605–627

[143] Jeffrey H. Dyer, Wujin Chu. The Role of Trustworthiness in Reducing Rransaction Costs and Improving Performance：Empirical Evidence from the United States, Japan, and Korea [J]. *Organization Science*. 2003, 14（1）：57–68.

[144] Jonard, N, Yildizoglu M. Technological Diversity in an Evolutionary Industry Model with Localized Learning and Network Externalities [J]. *Structural Change and Economic Dynamics*，2004（9）：35–55.

[145] Kaiser, U. Measuring knowledge spillovers in manufacturing and service：An assessment of alternative approaches [J]. *Research*

Policy, 2002, 31：125–144.

[146] Kathuria, V. Productivity Spillovers from Technology Transfer to Indian Manufacturing Firms [J]. *Journal of International Development*, 2000, 12：343–369.

[147] Koc, T., Ceylan, C., Factors Impacting the Innovation Capacity in Large–scale Companies [J]. *Technovation,* 2007, 27（3）：105–114.

[148] Kogut, B., & Zander, U. Knowledge of the Firm and the Evolutionary Theory of the Multinational Corporation [J]. *Journal of International Studies*, 1993, 24（4）：625–646.

[149] Koop, G., Osiewalski, J. & Steel, M. F. The Components of output Growth：A Stochastic Analysis [J]. *Oxford Bulletin of Economics and Statistics*, 2000, 61：455–488.

[150] Lapan, H. E. & Moschini, G. Incompete Adoption of a Sunerior Innovation [J]. *Economica*, 2000, 67（268）：525–542.

[151] Lee, C–Y. A new Perspective on Industry *R&D* and Market Structure [J]. *Journal of Industrial Economics*, 2005, 53: 101–122.

[152] Li B. Zhu H. and Wei M L. An Exploration of the Relationship between Knowledge Sharing and Organizational Cultures in Education, Knowledge Acquisition and Modeling. [J]. *KAM'08. International Symposium on 21-22*, 2008（12）：429–433.

[153] Liu J.Culture and Knowledge Transfer：Theoretical Considerations, Management and Service Science [C]. 2009. MASS' 09.International Conference on 20–22, 2009（9）：1–5.

[154] Lucas, RE, Jr. On the Mechanics of Economic Development [J]. *Journal of Monetary Economics*. 1988, 22：3–42.

[155] M. Srholec, High Tech Exports from Developing Countries: A Symptom of Technology Spurts or Statistical Illusion? [J]. *Review of World Economics*, 2007, 143: 227–255.

[156] Mian M A. Tauno K.and Josu T. Cultural Impacts on Knowledge Management and Learning in Project-based Firms [J]. *The Journal of Information and Knowledge Management Systems*, 2009, 39 (4): 339–352.

[157] N. Dayasindhu, S. Chandrashekar. Indian Remote Sensing Program: A national System of Innovation [J]. *Technological Forecasting and Social Chang*, 2005, 72 (3): 287–299.

[158] Oltra Maria J. and Flor, Marisa. The Impact of Technological Opportunities and Innovative Capabilities on Firms' Output Innovation [J]. *Creativity and Innovation Management*, VOI.12, 2003, 9: 137–144.

[159] Power, D. & Lundmark, M. working through knowledge Pools: Labour market dynamics, the transference of knowledge and ideas and industrial clusters [J]. *Urban Studies,* 2004, 41 (5–6): 1025–1044.

[160] Pyoria P. Informal Organizational Culture: the Foundation of Knowledge Workers' Performance [J]. *Journal of Knowledge Management*, 2007, 11 (3): 16–30.

[161] Ritter, T, I Wilkinson and W Johnston. Managing in Complex Business Networks [J]. *Industrial Marketing Management*, 2004, 33 (3): 175–183.

[162] Simmie, J. Knowledge Spillovers and Reasons for the Concentration of Innovative SMEs [J]. *Urban Studies*, 2002, 39

（56）: 885–902.

[163] Sumila Gulyani, Innovating with Infrastructure：The Automobile Industry in India [J]. *Palgrave*, 2001（6）：113–122.

[164] Sung, T. K. AFirm Size–Innovative Activity Relationship：An Empirical Study of the Korean Manufacturing Industry [J]. *The Korean Small Business Review*, 2003, Vol. 25, 305–325.

[165] Tseng S M. Hsiao J M. and Chien S C. Bridging Knowledge Management Gaps by Information Technology and Organizational Culture, Computers & Industrial Engineering [J]. *International Conference on 6-9*, 2009（6）：1341–1346.

[166] Tylecote, A., Conesa, E. Corporate Governance, Innovation Systems and Industrial Performance [J]. *Industry and Innovation*, 1999, 6（1）: 25–50.

[167] Ulrike Bross, Peter Stanovnik. Development and Innovation Potential in the Slovene Manufacturing Industry [J]. *Technovation*, 2001,（8）：8.

[168] Wiethaus, L. Absorptive Capacity and Colmectedness: Why Competing Firms also Adopt Identieal R&D Approaches [J]. *International Journal of lndustrial Organization,* 2005（23）: 467–481.

[169] Williams. Cooperation by Design：Structure and Cooperation in Inter Organizational Networks [J]. *Journal of Business Research*, 2005（3）：223–231.

[170] Beck T, Chen T, Lin C, et al. Financial Innovation：The Bright and the Dark Sides [J]. *Journal of Banking and Finance*, 2016, 72（11）：28–51.

[171] Laeven L, Levine R, Michalopoulos S. Financial Innovation and Endogenous Growth [J]. *Journal of Financial Intermediation*, 2015, 24（1）: 1–24.

[172] Li L, Wang R X. Double Fuzzy C-means Model and Its Application in the Technology Innovation of China [J]. *Journal of Intelligent & Fuzzy Systems*, 2016, 31（6）: 2895–2901.

[173] Ping LI, Ruimei WANG. Technological Innovation Characteristics and Capacity Enhancement Ways for the Agricultural Science and Technology Enterprises in Beijing City [J]. *Asian Agricultural Research*, 2016（4）: 37–41.

[174] Chowdhury R H, Min M. Financial Market Development and the Effectiveness of *R&D* Investment : Evidence from Developed and Emerging Countries [J]. *Research in International Business & Finance*, 2012, 26（2）: 258–272.